OECD/G20 Projekt Gewinnverkürzung und Gewinnverlagerung

Wirksamere Bekämpfung schädlicher Steuerpraktiken unter Berücksichtigung von Transparenz und Substanz, Aktionspunkt 5 – Abschlussbericht 2015

Dieses Dokument und die darin enthaltenen Karten berühren weder den völkerrechtlichen Status von Territorien noch die Souveränität über Territorien, den Verlauf internationaler Grenzen und Grenzlinien sowie den Namen von Territorien, Städten oder Gebieten.

Bitte zitieren Sie diese Publikation wie folgt:
OECD (2016), *Wirksamere Bekämpfung schädlicher Steuerpraktiken unter Berücksichtigung von Transparenz und Substanz, Aktionspunkt 5 – Abschlussbericht 2015*, OECD/G20 Projekt Gewinnverkürzung und Gewinnverlagerung, OECD Publishing, Paris.
http://dx.doi.org/10.1787/9789264258037-de

ISBN 978-92-64-25802-0 (Print)
ISBN 978-92-64-25803-7 (PDF)

Publikationsreihe: OECD/G20 Projekt Gewinnverkürzung und Gewinnverlagerung
ISSN 2517-9462 (Print)
ISSN 2517-9470 (Online)

Foto(s): Deckblatt © ninog – Fotolia.com

Korrigenda zu OECD-Veröffentlichungen sind verfügbar unter: *www.oecd.org/about/publishing/corrigenda.htm.*

Vorwort

Internationale Steuerfragen standen niemals so weit oben auf der politischen Agenda wie heute. Die Integration der nationalen Volkswirtschaften und Märkte hat sich in den vergangenen Jahren deutlich erhöht, wodurch die – vor über einem Jahrhundert konzipierten – internationalen Steuerregeln zunehmend unter Druck gerieten. Schwachstellen im gegenwärtigen Regelwerk lassen Möglichkeiten der Gewinnverkürzung und Gewinnverlagerung (*Base Erosion and Profit Shifting* – BEPS) entstehen, was mutige Schritte seitens der politischen Entscheidungsträger erforderlich macht, um das Vertrauen in das Steuersystem wiederherzustellen und zu gewährleisten, dass Gewinne dort besteuert werden, wo die wirtschaftlichen Aktivitäten stattfinden und die Wertschöpfung erfolgt.

Im Anschluss an die Veröffentlichung des Berichts *Addressing Base Erosion and Profit Shifting (Gewinnverkürzung und Gewinnverlagerung – Situationsbeschreibung und Lösungsansätze)* im Februar 2013 haben die OECD- und G20-Staaten im September 2013 einen 15-Punkte-Aktionsplan gegen Gewinnverkürzung und Gewinnverlagerung verabschiedet. In diesem Aktionsplan wurden 15 Maßnahmen entlang drei großer Achsen identifiziert: Gewährleistung der Kohärenz der innerstaatlichen Vorschriften, die sich auf grenzüberschreitende Tätigkeiten auswirken, Stärkung der Substanzanforderungen in den bestehenden internationalen Standards und Erhöhung der Transparenz sowie der Planungssicherheit.

Alle G20- und OECD-Länder haben seitdem gleichberechtigt am BEPS-Projekt gearbeitet, und auch die Europäische Kommission hat während des gesamten Verlaufs des Projekts ihre Ansichten eingebracht. Entwicklungsländer wurden über eine Reihe verschiedener Mechanismen, einschließlich der direkten Mitwirkung im Ausschuss für Steuerfragen, umfassend in diesen Prozess einbezogen. Darüber hinaus haben auch regionale Steuerorganisationen wie das African Tax Administration Forum, das Centre de Rencontre des Administrations Fiscales (CREDAF) und das Centro Interamericano de Administraciones Tributarias (CIAT) zusammen mit internationalen Organisationen wie dem Internationalen Währungsfonds, der Weltbank und den Vereinten Nationen einen Beitrag zu diesen Arbeiten geleistet. Betroffene Akteure wurden umfassend konsultiert: Insgesamt gingen zum BEPS-Projekt über 1 400 Stellungnahmen von Wirtschaftsvertretern, Beratern, Nichtregierungsorganisationen und Wissenschaftlern ein. Vierzehn öffentliche Konsultationen wurden abgehalten, die live online übertragen wurden, ergänzt durch Webcasts, in denen das OECD-Sekretariat die Öffentlichkeit regelmäßig auf dem Laufenden hielt und Fragen beantwortete.

Nach zwei Jahren Arbeit sind die 15 Aktionspunkte nun abgeschlossen. Die verschiedenen Arbeitsergebnisse – einschließlich derjenigen, die 2014 in vorläufiger Form vorgelegt wurden – wurden zu einem umfassenden Maßnahmenpaket zusammengefasst. Dieses BEPS-Maßnahmenpaket stellt die erste wesentliche Überarbeitung der internationalen Steuerregeln seit fast einem Jahrhundert dar. Wenn die neuen Maßnahmen in Kraft getreten sind, wird erwartet, dass Gewinne dort ausgewiesen werden, wo die wirtschaftlichen Tätigkeiten, mit denen sie erzielt werden, stattfinden und wo die Wertschöpfung erfolgt. Steuerplanungsstrategien zur Gewinnverkürzung und Gewinnverlagerung, die auf veralteten Regeln oder unzureichend koordinierten innerstaatlichen Maßnahmen basieren, werden ihre Wirkung verlieren.

Somit kommt es in diesem Stadium entscheidend auf die Umsetzung an. Das BEPS-Maßnahmenpaket ist so konzipiert, dass es über Änderungen von innerstaatlichen Rechtsvorschriften und Verfahren sowie von Abkommensbestimmungen umgesetzt wird, wobei die Verhandlungen über ein multilaterales Instrument bereits begonnen haben und 2016 abgeschlossen werden sollen. Die OECD- und G20-Staaten sind ferner übereingekommen, ihre Zusammenarbeit fortzusetzen, um eine konsistente und koordinierte Umsetzung der BEPS-Empfehlungen zu gewährleisten. Globalisierung erfordert globale Lösungen und einen globalen Dialog, der über die OECD- und G20-Länder hinausreicht. Um auf dieses Ziel hinzuarbeiten, werden die OECD- und G20-Staaten 2016 einen inklusiven Monitoring-Rahmen entwerfen, an dem alle interessierten Länder gleichberechtigt mitwirken können.

Ein besseres Verständnis der konkreten Umsetzung der BEPS-Empfehlungen könnte Missverständnisse und Streitigkeiten zwischen verschiedenen Staaten verringern. Eine stärkere Fokussierung auf Umsetzung und Steuerverwaltung dürfte daher für die Staaten ebenso wie die Unternehmen von Vorteil sein. Die vorgeschlagenen Verbesserungen der Daten und Analysen werden die laufende Evaluierung des quantitativen Effekts von Gewinnverkürzungen und Gewinnverlagerungen sowie der Auswirkungen der im Rahmen des BEPS-Projekts entwickelten Gegenmaßnahmen unterstützen.

Inhaltsverzeichnis

Tabellen

Abkürzungsverzeichnis

AOA	Autorisierter OECD-Ansatz
APA	Vorabverständigung über die Verrechnungspreisgestaltung (Advance Pricing Agreement)
ATR	Steuervorbescheid (Advance Tax Ruling)
BEPS	Gewinnverkürzung und Gewinnverlagerung (Base Erosion and Profit Shifting)
BIAC	Beratender Ausschuss der Wirtschaft bei der OECD
CAN	Anwendungshandbuch (Consolidated Application Note)
CFA	OECD-Ausschuss für Steuerfragen (Committee on Fiscal Affairs)
CFC	Beherrschtes ausländisches Unternehmen (Controlled Foreign Company)
CRS	Gemeinsamer Meldestandard (Common Reporting Standard)
EU	Europäische Union
FATF	Arbeitsgruppe Finanzielle Maßnahmen (Financial Action Task Force)
FHTP	Forum Schädliche Steuerpraktiken (Forum on Harmful Tax Practices)
FuE	Forschung und Entwicklung
IP	Geistiges Eigentum (Intellectual Property)
OECD	Organisation für wirtschaftliche Zusammenarbeit und Entwicklung
TIN	Steueridentifikationsnummer (Taxpayer Identification Number)

Zusammenfassung

Über 15 Jahre sind seit der Veröffentlichung des 1998 erschienenen OECD-Berichts *Harmful Tax Competition: An Emerging Global Issue* (Bericht von 1998) verstrichen, und die seinerzeit zum Ausdruck gebrachten steuerpolitischen Anliegen sind heute so aktuell wie damals. Besorgnis herrscht gegenwärtig vor allem über präferenzielle Regelungen, bei denen die Gefahr besteht, dass sie zur künstlichen Gewinnverlagerung genutzt werden, sowie über mangelnde Transparenz im Zusammenhang mit bestimmten steuerlichen Vorabzusagen („Rulings"). Wie wichtig die Arbeiten zu schädlichen Steuerpraktiken nach wie vor sind, verdeutlicht die Aufnahme dieser Thematik in den *Aktionsplan zur Bekämpfung der Gewinnverkürzung und Gewinnverlagerung* (BEPS-Aktionsplan, OECD, 2014a), der dem Forum Schädliche Steuerpraktiken (FHTP) unter Punkt 5 folgenden Auftrag erteilt:

> *Neuausrichtung der Arbeiten zu schädlichen Steuerpraktiken mit Schwerpunkt auf Verbesserung der Transparenz, wozu auch der verpflichtende spontane Informationsaustausch über steuerliche Vorabzusagen („Rulings") im Zusammenhang mit präferenziellen Regelungen gehört, und Einführung der Bedingung, dass für die Anwendung solcher Regelungen eine wesentliche Geschäftstätigkeit vorliegen muss. Für die Bewertung präferenzieller Steuerregelungen im BEPS-Kontext ist eine umfassende Vorgehensweise erforderlich. Auf der Grundlage des bestehenden steuerrechtlichen Rahmens sollen dabei Nicht-OECD-Länder einbezogen und Änderungen oder Ergänzungen des bestehenden Rahmens erwogen werden.*

2014 legte das FHTP einen ersten Sachstandsbericht vor, der in den vorliegenden Bericht, der nun an seine Stelle tritt, eingeflossen ist. Das Hauptaugenmerk der Arbeiten des FHTP galt dabei der Vereinbarung und Anwendung einer Methode zur Definition des Erfordernisses der wesentlichen Geschäftstätigkeit (Substanz) für die Beurteilung präferenzieller Regelungen, wobei zunächst auf Regelungen für geistiges Eigentum (IP-Regelungen) und dann auf andere präferenzielle Regelungen eingegangen wurde. Ein weiterer Schwerpunkt der Arbeiten war die Erhöhung der Transparenz durch den verpflichtenden spontanen Informationsaustausch über bestimmte steuerliche Vorabzusagen, die ohne einen solchen Informationsaustausch zu BEPS-Problemen führen könnten.

Erfordernis der wesentlichen Geschäftstätigkeit für präferenzielle Regelungen

Die Staaten kamen überein, dass das Erfordernis der wesentlichen Geschäftstätigkeit (Substanzerfordernis), das zur Beurteilung präferenzieller Regelungen angewandt wird, gestärkt werden sollte, um die Besteuerung der Gewinne an der wesentlichen Geschäftstätigkeit auszurichten, mit der sie erzielt werden. Dazu wurden verschiedene Herangehensweisen erörtert, wobei der „Nexus-Ansatz" Konsens fand. Dieser Ansatz wurde in Bezug auf IP-Regelungen entwickelt und gestattet einem Steuerpflichtigen die Nutzung einer IP-Regelung nur insoweit, wie er selbst qualifizierte Forschungs- und Entwicklungs-(FuE-)Ausgaben getätigt hat, die zu den betreffenden IP-Einkünften führten. Der Nexus-Ansatz verwendet die Ausgaben als Hilfsvariable für die Geschäftstätigkeit und beruht auf dem Prinzip, dass IP-Regelungen dazu gedacht sind, Anreize für FuE-Tätigkeiten zu schaffen und Wachstum sowie Beschäftigung zu fördern, und dass deshalb über ein Substanzerfordernis gewährleistet werden sollte, dass Steuerpflichtige, die solche Regelungen in Anspruch nehmen, tatsächlich entsprechende Aktivitäten durchgeführt und dafür tatsächlich Ausgaben getätigt haben. Dieses gleiche Prinzip kann auch auf andere präferenzielle Regelungen angewandt werden, woraus sich ergibt, dass solche Regelungen eine wesentliche Geschäftstätigkeit voraussetzen müssten, indem sie die Gewährung von Vergünstigungen davon abhängig machen, dass der Steuerpflichtige die entscheidenden einkünftegenerierenden Aktivitäten durchgeführt hat, die zur Erzielung der unter die präferenzielle Regelung fallenden Einkünfte notwendig sind.

Erhöhung der Transparenz

In Bezug auf die Transparenz wurde ein Rahmen für alle steuerlichen Vorabzusagen vereinbart, die ohne einen verpflichtenden spontanen Informationsaustausch zu BEPS-Problemen führen könnten. Dieser Rahmen gilt für sechs Arten steuerlicher Vorabzusagen: *i)* Vorabzusagen im Zusammenhang mit präferenziellen Regelungen, *ii)* grenzüberschreitende unilaterale Vorabverständigungen über die Verrechnungspreisgestaltung (APA) oder sonstige unilaterale Vorabzusagen zu Verrechnungspreisfragen, *iii)* Vorabzusagen, die eine Gewinnberichtigung nach unten ermöglichen, *iv)* Vorabzusagen für Betriebsstätten, *v)* Vorabzusagen für Durchlaufgesellschaften (Conduits) zwischen nahestehenden Dritten sowie *vi)* alle anderen Arten steuerlicher Vorabzusagen, bei denen das FHTP übereinkommt, dass sie ohne einen spontanen Informationsaustausch BEPS-Fragen aufwerfen. Dies bedeutet nicht, dass solche steuerlichen Vorabzusagen per se präferenzielle Regelungen darstellen oder dass sie von alleine zu Gewinnverkürzung und Gewinnverlagerung führen, damit wird jedoch anerkannt, dass mangelnde Transparenz in der Funktionsweise einer Regelung oder eines Verwaltungsverfahrens zu Besteuerungsinkongruenzen und Fällen doppelter Nichtbesteuerung führen kann. Für Staaten, die über die notwendigen gesetzlichen Grundlagen verfügen, wird der Informationsaustausch nach diesem Rahmen für künftige steuerliche Vorabzusagen am 1. April 2016 beginnen, und der Informationsaustausch über bestimmte frühere Vorabzusagen muss bis zum 31. Dezember 2016 abgeschlossen sein. Der Bericht beschreibt zudem optimale Verfahrensweisen („Best Practices“) für grenzüberschreitende steuerliche Vorabzusagen.

Prüfung präferenzieller Regelungen

Insgesamt wurden 43 präferenzielle Regelungen geprüft, wobei es sich bei 16 um IP-Regelungen handelte. Der Bericht enthält die Ergebnisse der Anwendung der bereits existierenden Faktoren aus dem Bericht von 1998 sowie der genauer ausgearbeiteten Faktoren der wesentlichen Geschäftstätigkeit (Substanz) und der Transparenz auf die präferenziellen Regelungen von Mitgliedstaaten und assoziierten Staaten. Der genauer ausgearbeitete Faktor der wesentlichen Geschäftstätigkeit wurde bislang allerdings erst auf IP-Regelungen angewandt. Hinsichtlich der wesentlichen Geschäftstätigkeit wurde für sämtliche geprüften IP-Regelungen festgestellt, dass sie dem in diesem Bericht beschriebenen Nexus-Ansatz ganz oder teilweise nicht entsprechen. Dies ist darauf zurückzuführen, dass die Einzelheiten des Nexus-Ansatzes im Gegensatz zu anderen Aspekten der Arbeiten zu schädlichen Steuerpraktiken erst im Verlauf des BEPS-Projekts abschließend geklärt wurden, während die Regelungen schon früher entworfen worden waren. Staaten mit solchen Regelungen werden nun mögliche Änderungen der relevanten Merkmale ihrer Regelungen prüfen. Die Arbeiten des FHTP zur Prüfung präferenzieller Regelungen werden ihrerseits weitergeführt werden, wobei auch anerkannt wird, dass Regelungen, die vor Ausarbeitung des Erfordernisses der wesentlichen Geschäftstätigkeit beurteilt wurden, möglicherweise erneut geprüft werden müssen.

Nächste Schritte

In diesem Bericht werden die verschiedenen Elemente einer Strategie dargelegt, um auch andere Staaten als die OECD-Mitglieder und die assoziierten Staaten des BEPS-Projekts einzubinden und so gleiche Spielregeln für alle zu schaffen und das Risiko auszuschalten, dass es infolge der Arbeiten über schädliche Steuerpraktiken zu einer Verlagerung entsprechender Regelungen in Drittstaaten kommt, wobei auch auf den Stand der Diskussionen zu Änderungen oder Ergänzungen des bestehenden Rahmens eingegangen wird. Diese Aspekte der Arbeiten werden im Kontext des allgemeineren Ziels der Ausarbeitung eines inklusiveren Rahmens zur Unterstützung und Überwachung der Durchführung der BEPS-Maßnahmen umgesetzt werden.

Ein kontinuierlicher Mechanismus für die Überwachung und Prüfung präferenzieller Regelungen, einschließlich IP-Regelungen, sowie der Rahmen zur Erhöhung der Transparenz wurden vereinbart und werden nun eingerichtet werden.

Kapitel 1

Einführung und Hintergrund

1. Bei seiner Tagung im Juni 2013 verabschiedete der Ausschuss für Steuerfragen (CFA) der Organisation für wirtschaftliche Zusammenarbeit und Entwicklung (OECD) den *Aktionsplan zur Bekämpfung der Gewinnverkürzung und Gewinnverlagerung* (BEPS-Aktionsplan, OECD, 2014a), der anschließend von den G20-Finanzministern bei ihrer Tagung im Juli 2013 sowie von den Staats- und Regierungschefs der G20-Länder bei ihrem Treffen im September 2013 gebilligt wurde. Punkt 5 des Aktionsplans antwortet auf die im Bericht *Gewinnverkürzung und Gewinnverlagerung – Situationsbeschreibung und Lösungsansätze* (BEPS-Bericht, OECD, 2013b) geäußerte Forderung, Lösungen zu entwickeln, um schädlichen steuerlichen Regelungen unter Berücksichtigung von Faktoren wie Transparenz und Substanz wirkungsvoller zu begegnen[1]; dazu erteilt er dem Forum Schädliche Steuerpraktiken (FHTP) folgenden Auftrag[2]:

> *Neuausrichtung der Arbeiten zu schädlichen Steuerpraktiken mit Schwerpunkt auf Verbesserung der Transparenz, wozu auch der verpflichtende spontane Informationsaustausch über steuerliche Vorabzusagen („Rulings") im Zusammenhang mit präferenziellen Regelungen gehört, und Einführung der Bedingung, dass für die Anwendung solcher Regelungen eine wesentliche Geschäftstätigkeit vorliegen muss. Für die Bewertung präferenzieller Steuerregelungen im BEPS-Kontext ist eine umfassende Vorgehensweise erforderlich. Auf der Grundlage des bestehenden steuerrechtlichen Rahmens sollen dabei Nicht-OECD-Länder einbezogen und Änderungen oder Ergänzungen des bestehenden Rahmens erwogen werden. (OECD, 2014a)*

2. Wie Aktionspunkt 5 deutlich macht, handelt es sich bei den Arbeiten in diesem Bereich um keine neue Entwicklung. Bereits 1998 veröffentlichte die OECD den Bericht *Harmful Tax Competition: An Emerging Global Issue* (OECD, 1998). Mit diesem Bericht wurde der Grundstein für die Arbeiten der OECD im Bereich schädlicher Steuerpraktiken gelegt und das FHTP zur Förderung dieser Arbeiten gegründet. Der Bericht wurde als Antwort auf das Ersuchen der Minister veröffentlicht, Maßnahmen auszuarbeiten, mit denen schädlichen Steuerpraktiken im Zusammenhang mit geografisch mobilen Tätigkeiten, wie z.B. Finanz- oder anderen Dienstleistungen, einschließlich der Bereitstellung immaterieller Werte, begegnet werden kann. Wegen ihrer besonderen Beschaffenheit lassen sich solche Tätigkeiten sehr leicht von einem Land in ein anderes verlagern. Durch Globalisierung und technologische Innovationen hat sich diese Mobilität weiter erhöht. Ziel der Arbeiten der OECD im Bereich der schädlichen Steuerpraktiken ist die Sicherung der Integrität der Steuersysteme, wozu die Fragen angegangen werden müssen, die durch Steuerregelungen für mobile Tätigkeiten aufgeworfen werden, die das Steuersubstrat anderer Staaten in unlauterer Weise schmälern und potenziell verzerrende Effekte auf die Ansiedlung von Kapital und Dienstleistungen haben. Solche Praktiken können auch zu unerwünschten Verlagerungen eines Teils der Steuerlast auf weniger mobile Bemessungsgrundlagen wie Arbeit, Immobilienbesitz und Verbrauch führen und den Verwaltungsaufwand und die Befolgungskosten für Steuerbehörden und Steuerpflichtige erhöhen.

3. Hinter den Arbeiten zu schädlichen Steuerpraktiken steht weder die Absicht, die Steuern vom Einkommen oder den Aufbau der Steuersysteme innerhalb oder außerhalb des OECD-Raums generell zu harmonisieren, noch soll den Ländern vorgeschrieben werden, wie hoch die Steuersätze zu sein haben. Vielmehr geht es darum, den verzerrenden Einfluss der Besteuerung auf die Ansiedlung mobiler Finanz- und sonstiger Dienstleistungen zu verringern und so ein Umfeld zu fördern, in dem ein freier und fairer Steuerwettbewerb möglich ist. Dies ist äußerst wichtig, um „gleiche Spielregeln für alle" zu schaffen und das Wirtschaftswachstum weltweit kontinuierlich zu steigern. Die Länder sind sich seit langem bewusst, dass ein „Anpassungswettlauf nach unten" letztlich dazu führen würde, dass die Steuersätze für bestimmte Einnahmequellen in allen Ländern auf null sinken würden – ganz gleich, ob die Länder eine solche Steuerpolitik verfolgen möchten oder nicht –, und so liegt die Bekämpfung schädlicher Steuerpraktiken gleichermaßen im Interesse der OECD- wie der Nicht-OECD-Länder. Die Wirksamkeit unilateraler Maßnahmen zur Bekämpfung solcher Praktiken ist ganz klar begrenzt. Indem ein einheitlicher Katalog von Kriterien vereinbart und ein auf Zusammenarbeit basierender Rahmen gefördert wird, unterstützen die Arbeiten in diesem Bereich nicht nur die effektive Souveränität der Staaten in Bezug auf die Gestaltung ihrer Steuersysteme, sondern ermöglichen es den Staaten auch, besser auf die schädlichen Steuerpraktiken anderer zu reagieren.

4. Seit der Veröffentlichung des Berichts von 1998 sind über 15 Jahre vergangen, die grundlegenden steuerpolitischen Anliegen, die darin zum Ausdruck kamen, haben jedoch nichts von ihrer Relevanz verloren. In manchen Bereichen könnte die Sorge heute weniger dem traditionellen „Ring-fencing" als vielmehr pauschalen Senkungen der Körperschaftsteuersätze für bestimmte Arten von Einkünften gelten (z.B. für Einkünfte aus Finanzaktivitäten oder der Bereitstellung immaterieller Werte). Dass präferenzielle Regelungen weiterhin ein kritischer Bereich sind, wurde durch die Aufnahme dieser Thematik in den BEPS-Bericht[3] sowie in Punkt 5 des BEPS-Aktionsplans unterstrichen[4].

5. Im Rahmen von Aktionspunkt 5 muss das FHTP drei Aufgaben nachkommen:

- erstens die Prüfung der präferenziellen Regelungen der Mitgliedstaaten und der assoziierten Staaten abschließen;
- zweitens eine Strategie zur stärkeren Einbindung von Drittstaaten umsetzen; und
- drittens über Änderungen oder Ergänzungen des bestehenden Rahmens nachdenken.

6. Im September 2014 veröffentlichte die OECD unter dem Titel *Wirksamere Bekämpfung schädlicher Steuerpraktiken unter Berücksichtigung von Transparenz und Substanz* (Sachstandsbericht von 2014, OECD, 2014c) einen ersten Sachstandsbericht zu den vom FHTP bis dahin erzielten Fortschritten bei diesen Arbeiten. Der vorliegende Text ist der Abschlussbericht zu Aktionspunkt 5, welcher den Sachstandsbericht von 2014 umfasst und ersetzt.

Anmerkungen

1. Vgl. Kapitel 5 des BEPS-Berichts, „Lösungsansätze für Fragen der Gewinnverkürzung und Gewinnverlagerung", S. 67.
2. Vgl. Punkt 5 des BEPS-Aktionsplans – Wirksamere Bekämpfung schädlicher Steuerpraktiken unter Berücksichtigung von Transparenz und Substanz, S. 21.
3. Vgl. Kapitel 5 des BEPS-Berichts, „Lösungsansätze für Fragen der Gewinnverkürzung und Gewinnverlagerung", S. 60.
4. Vgl. Punkt 5 des BEPS-Aktionsplans – Wirksamere Bekämpfung schädlicher Steuerpraktiken unter Berücksichtigung von Transparenz und Substanz, S. 21.

Literaturverzeichnis

OECD (2014a), *Aktionsplan zur Bekämpfung der Gewinnverkürzung und Gewinnverlagerung*, OECD Publishing, Paris, *http://dx.doi.org/10.1787/9789264209688-de*.

OECD (2014b), *Gewinnverkürzung und Gewinnverlagerung – Situationsbeschreibung und Lösungsansätze*, OECD Publishing, Paris, *http://dx.doi.org/10.1787/9789264209695-de*.

OECD (2014c), *Wirksamere Bekämpfung schädlicher Steuerpraktiken unter Berücksichtigung von Transparenz und Substanz*, OECD Publishing, Paris, http://dx.doi.org/10.1787/9789264223455-de.

OECD (1998), *Harmful Tax Competition: An Emerging Global Issue*, OECD Publishing, Paris, *http://dx.doi.org/10.1787/9789264162945-en*.

Kapitel 2

Überblick über die Arbeiten der OECD zu schädlichen Steuerpraktiken

7. Im Bericht von 1998 (OECD, 1998) wurden die Arbeiten zu schädlichen Steuerpraktiken in drei Bereiche aufgeteilt: *i)* präferenzielle Steuerregelungen in OECD-Staaten, *ii)* Steueroasen und *iii)* Nicht-OECD-Volkswirtschaften. Der Bericht von 1998 nennt vier Schlüsselfaktoren und acht weitere Faktoren, um zu bestimmen, ob eine präferenzielle Steuerregelung potenziell schädlich ist[1], sowie vier Schlüsselfaktoren, um „Steueroasen" zu definieren[2]. Auf den Bericht von 1998 folgten vier Sachstandsberichte:

a) Der erste Bericht, der im Juni veröffentlicht wurde (Bericht von 2000, OECD, 2001), beschrieb die erzielten Fortschritte und identifizierte unter anderem 47 potenziell schädliche Regelungen in OECD-Staaten sowie 35 Staaten, auf die die Kriterien hinsichtlich Steueroasen zutrafen (zusätzlich zu den sechs Staaten, auf die die Kriterien zutrafen und die sich vorab verpflichtet hatten, schädliche Steuerpraktiken abzuschaffen).

b) 2001 wurde ein zweiter Sachstandsbericht veröffentlicht (OECD, 2002a). Er brachte mehrere wichtige Änderungen am steueroasenbezogenen Aspekt der Arbeit an. Vor allem sah er vor, dass bei der Bestimmung der als unkooperative Steueroasen einzustufenden Staaten nur Zusagen in Bezug auf die Grundsätze des effektiven Informationsaustauschs und der Transparenz verlangt würden.

c) Von 2000-2004 wurden allgemeine Leitlinien oder „Anwendungshinweise" ausgearbeitet, um den Mitgliedsländern zu helfen, bestehende oder künftige präferenzielle Regelungen zu prüfen und zu beurteilen, ob Faktoren vorliegen, die im Bericht von 1998 aufgeführt werden. Anwendungshinweise wurden in Bezug auf Transparenz und Informationsaustausch, Ring-fencing, Verrechnungspreise, steuerliche Vorabzusagen, Holding-Gesellschaften, Fondsverwaltung und Schifffahrt ausgearbeitet. Die einzelnen Anwendungshinweise wurden zu einem Anwendungshandbuch (*Consolidated Application Note* – CAN) zusammengefasst (OECD, 2004a).

d) Anfang 2004 veröffentlichte die OECD einen weiteren Bericht (Bericht von 2004, OECD, 2004b), der sich hauptsächlich mit den Fortschritten hinsichtlich der Beseitigung der schädlichen Aspekte präferenzieller Regelungen in OECD-Staaten befasste. Zusätzlich zu den 47 im Jahr 2000 identifizierten Regelungen enthielt der Bericht Feststellungen zu Holding-Regelungen und ähnlichen präferenziellen Regelungen. Darüber hinaus wurden einige Regelungen geprüft, die seit der ersten Identifizierung potenziell schädlicher Regelungen im Jahr 2000 eingeführt worden waren, wobei aber keine dieser Regelungen als schädlich im Sinne des Berichts von 1998 eingestuft wurde.

e) Im September 2006 wurde schließlich ein Bericht über präferenzielle Regelungen von OECD-Staaten veröffentlicht (OECD, 2006). Von den 47 Regelungen, die im Bericht von 2000 ursprünglich als potenziell schädlich identifiziert wurden, waren 46 abgeschafft, geändert oder nach einer weiteren Analyse als nicht schädlich eingestuft worden. Nur eine präferenzielle Regelung wurde als tatsächlich schädlich eingestuft, und der betreffende Staat erließ anschließend Rechtsvorschriften zur Abschaffung dieser Regelung.

8. Mit der Zeit erfolgten die Arbeiten zu steueroasenbezogenen Aspekten zunehmend im Rahmen des Globalen Forums Besteuerung der OECD (Globales Forum), das Anfang der 2000er Jahre gegründet wurde, um einen Dialog mit Nicht-OECD-Staaten über Steuerangelegenheiten einzuleiten. Die Staaten, die sich zu den Grundsätzen des effektiven Informationsaustauschs auf Ersuchen und der Transparenz bekannt hatten, wurden eingeladen, zusammen mit den OECD-Staaten am Globalen Forum teilzunehmen, um die Grundsätze des effektiven Informationsaustauschs auf Ersuchen und der Transparenz genauer auszuformulieren und ihre Umsetzung zu gewährleisten. 2002 entwickelte das Globale Forum das *Agreement on Exchange of Information in Tax Matters* (OECD, 2002b), und 2005 vereinbarte es Standards für Transparenz in Bezug auf die Verfügbarkeit und Zuverlässigkeit von Informationen. Seit 2006 veröffentlicht das Globale Forum jährliche Sachstandsberichte über die Umsetzung der Standards[3].

9. Im September 2009 wurde das Globale Forum in Globales Forum Transparenz und Informationsaustausch in Steuerangelegenheiten umbenannt, und es wurde umstrukturiert, um die Zahl seiner Mitglieder und sein Mandat zu erweitern und die Governance zu verbessern[4]. Im Anschluss daran beschloss der Ausschuss für Steuerfragen (CFA), die für den Informationsaustausch zuständigen Gremien umzustrukturieren, und gründete zu diesem Zweck die Arbeitsgruppe 10 über Informationsaustausch und Steuerdisziplin, die die Zuständigkeiten der Arbeitsgruppe 8 über Steuervermeidung und Steuerhinterziehung sowie die Fragen in Bezug auf den Informationsaustausch übernahm, die vorher im Forum Schädliche Steuerpraktiken (FHTP) behandelt worden waren[5]. In der folgenden Zeit konzentrierte sich die Arbeit des FHTP deshalb auf präferenzielle Steuerregelungen und Defensivmaßnahmen in Bezug auf derartige Regelungen (ohne Maßnahmen in Bezug auf einen unzureichenden Informationsaustausch oder fehlende Transparenz).

Anmerkungen

1. Diese Faktoren und das Verfahren, um zu bestimmen, ob es sich bei einer Regelung um eine schädliche präferenzielle Regelung im Sinne des Berichts von 1998 handelt, werden nachfolgend in Kapitel 3, Abschnitt II beschrieben.

2. Die vier Schlüsselfaktoren für die Definition einer „Steueroase" waren: *i)* keine oder nur nominale Steuern auf die relevanten Einkünfte, *ii)* kein effektiver Informationsaustausch, *iii)* keine Transparenz, *iv)* keine wesentliche Geschäftstätigkeit. Das Kriterium *keine oder nur nominale Steuern* allein reicht nicht aus, um einen Staat als Steueroase einzustufen.

3. Die betreffenden Berichte sind auf der folgenden Webseite verfügbar: *www.oecd.org/tax/transparency/keypublications.htm*.

4. Informationen über das Globale Forum Transparenz und Informationsaustausch in Steuerangelegenheiten sowie seine Arbeit sind verfügbar unter: *www.oecd.org/tax/transparency*.

5. Defensivmaßnahmen in Bezug auf einen unzureichenden Informationsaustausch auf Ersuchen und fehlende Transparenz fallen in das Mandat von Arbeitsgruppe 10 über Informationsaustausch und Steuerdisziplin. Aktionspunkt 5 verlangt vom FHTP allerdings eine „Neuausrichtung der Arbeiten zu schädlichen Steuerpraktiken mit Schwerpunkt auf Verbesserung der Transparenz", und das

FHTP ist diesem Auftrag nachgekommen, indem es die für steuerliche Vorabzusagen geltenden Regelungen von Mitgliedstaaten und assoziierten Staaten untersucht und ein allgemeines, auf optimalen Verfahrensweisen („Best Practices") basierendes Rahmenkonzept für die Gestaltung und Funktionsweise von Regelungen zu steuerlichen Vorabzusagen ausgearbeitet hat, wie es nachstehend in Kapitel 5 beschrieben ist.

Literaturverzeichnis

OECD (2006), *The OECD's Project on Harmful Tax Practices: 2006 Update on Progress in Member Countries*, OECD, *www.oecd.org/ctp/harmful/37446434.pdf*.

OECD (2004a), *Consolidated Application Note: Guidance in Applying the 1998 Report to Preferential Tax Regimes*, OECD, *www.oecd.org/ctp/harmful/30901132.pdf*.

OECD (2004b), *Harmful Tax Practices: The 2004 Progress Report*, OECD, *www.oecd.org/ctp/harmful/30901115.pdf*.

OECD (2002a), *The OECD's Project on Harmful Tax Practices: The 2001 Progress Report*, OECD Publishing, Paris, *http://dx.doi.org/10.1787/9789264033993-en*.

OECD (2002b), *Agreement on Exchange of Information in Tax Matters*, OECD Publishing, Paris, *http://dx.doi.org/10.1787/9789264034853-en*.

OECD (2001), *Towards Global Tax Co-operation: Progress in Identifying and Eliminating Harmful Tax Practices*, OECD Publishing, Paris, *http://dx.doi.org/10.1787/9789264184541-en*.

OECD (1998), *Harmful Tax Competition: An Emerging Global Issue*, OECD Publishing, Paris, *http://dx.doi.org/10.1787/9789264162945-en*.

Kapitel 3

Rahmen zur Bestimmung des Vorliegens einer schädlichen präferenziellen Regelung nach dem Bericht von 1998

10. Dieses Kapitel beschreibt den im Bericht von 1998 (OECD, 1998) vorgesehenen Rahmen, um zu bestimmen, ob eine Regelung eine schädliche präferenzielle Regelung darstellt. Dies geschieht in drei Schritten:

a) Untersuchung, ob eine Regelung in den Rahmen der Arbeiten des FHTP fällt und ob sie einen präferenziellen Charakter hat;

b) Untersuchung der vier Schlüsselfaktoren sowie der acht weiteren Faktoren, die der Bericht von 1998 als Kriterien nennt, um zu bestimmen, ob eine präferenzielle Regelung potenziell schädlich ist;

c) Untersuchung der wirtschaftlichen Effekte einer Regelung, um zu bestimmen, ob eine potenziell schädliche Regelung auch tatsächlich schädlich ist.

A. *Untersuchung, ob eine Regelung in den Rahmen der Arbeiten des FHTP fällt und ob es sich um eine präferenzielle Regelung handelt*

Rahmen der Arbeiten des FHTP

11. Um in den Rahmen des Berichts von 1998 zu fallen, muss eine Regelung erstens für Einkünfte gelten, die aus geografisch mobilen Tätigkeiten stammen, wie z.B. Finanz- oder anderen Dienstleistungen, einschließlich der Bereitstellung immaterieller Werte. Präferenzielle Regelungen, die dazu dienen, Investitionen in Produktionsanlagen, Gebäude und Maschinen anzulocken, fallen nicht in den Rahmen des Berichts von 1998[1].

12. Zweitens muss sich die Regelung auf die Besteuerung der relevanten Einnahmen aus geografisch mobilen Tätigkeiten beziehen. Somit geht es bei den Arbeiten hauptsächlich um die Unternehmensbesteuerung. Verbrauchsteuern sind ausdrücklich nicht berücksichtigt[2]. Unternehmensteuern können auf der nationalen bzw. der Bundes- oder zentralen Ebene („nationale Steuern") oder auf der subnationalen bzw. nachgeordneten oder dezentralisierten Ebene („subnationale Steuern") erhoben werden. Subnationale Steuern umfassen Steuern, die auf Ebene von Bundesstaaten, Bundesländern, Regionen, Provinzen oder Gemeinden erhoben werden. Während der aktuellen Prüfung stellte sich die Frage, ob Regelungen, die nur auf subnationaler Ebene Steuervergünstigungen bieten („subnationale Regelungen"), in den Rahmen der Arbeiten des FHTP fallen. Dies wird in Kapitel 6 erörtert.

Steuerliche Vorzugsbehandlung

13. Um als präferenzielle bzw. Sondersteuerregelung zu gelten, muss eine Regelung eine Form steuerlicher Vergünstigung im Vergleich zu den allgemeinen Besteuerungsgrundsätzen des betreffenden Landes bieten. Eine durch eine präferenzielle Regelung geschaffene Vergünstigung kann eine Vielzahl verschiedener Formen annehmen, darunter die einer Verringerung des Steuersatzes oder der Steuerbemessungsgrundlage oder besonderer Bedingungen für die Zahlung oder Rückzahlung von Steuern. Selbst eine kleine Vergünstigung reicht aus, um zu bewirken, dass eine steuerliche Regelung als präferenzielle Regelung betrachtet wird. Der entscheidende Punkt ist, dass die Regelung *im Vergleich zu den allgemeinen Besteuerungsgrundsätzen des betreffenden Landes* und nicht etwa im Vergleich zu in anderen Ländern geltenden Grundsätzen eine Vergünstigung bietet. Wenn in einem Land für alle Einnahmearten von Unternehmen beispielsweise ein Satz von 10% gilt, stellt ein Steuersatz von 10% für Einkünfte aus mobilen Tätigkeiten keine Vergünstigung dar, auch wenn er möglicherweise niedriger ist als die entsprechenden in anderen Ländern geltenden Steuersätze.

B. *Untersuchung der vier Schlüsselfaktoren sowie der acht weiteren Faktoren, die der Bericht von 1998 als Kriterien nennt, um zu bestimmen, ob eine präferenzielle Regelung potenziell schädlich ist*

14. Vier Schlüsselfaktoren und acht weitere Faktoren werden als Kriterien verwendet, um zu bestimmen, ob eine präferenzielle Regelung, die in den Rahmen der Arbeiten des FHTP fällt, potenziell schädlich ist[3]. Auf die wesentliche bzw. substanzielle Geschäftstätigkeit wird bereits unter den acht weiteren Faktoren Bezug genommen, es handelt sich also nicht um ein neues Konzept. Die acht weiteren Faktoren helfen generell dabei, einige entscheidende Prinzipien und Annahmen, die bei der Anwendung der Schlüsselfaktoren selbst beachtet werden sollten, genauer zu klären.

15. Die vier Schlüsselfaktoren sind:

a) Die Regelung sieht für Einnahmen aus geografisch mobilen Finanz- oder sonstigen Dienstleistungen einen geringen oder inexistenten Steuersatz vor.

b) Die Regelung ist von der Binnenwirtschaft abgeschottet („Ring-fencing“).

c) Der Regelung fehlt es an Transparenz (beispielsweise sind die Einzelheiten der Regelung bzw. ihrer Anwendung nicht ersichtlich oder es mangelt an einer ausreichenden regulatorischen Aufsicht oder Offenlegung finanzieller Informationen).

d) Es besteht kein effektiver Informationsaustausch in Bezug auf die Regelung[4].

16. Die acht weiteren Faktoren sind:

a) Eine künstliche Definition der steuerlichen Bemessungsgrundlage.

b) Nichtbeachtung der internationalen Verrechnungspreisgrundsätze.

c) Befreiung von Einkünften aus ausländischen Quellen von der Besteuerung des Ansässigkeitsstaats.

d) Möglichkeit der Aushandlung des Steuersatzes oder der Steuerbemessungsgrundlage.

e) Existenz von Geheimhaltungsbestimmungen.

f) Zugang zu einem weiten Netz von Steuerabkommen.

g) Darstellung der Regelung als Instrument zur Steuerminimierung.

h) Die Regelung schafft Anreize für rein steuerlich motivierte Tätigkeiten und Strukturen, die keine wesentliche Geschäftstätigkeit beinhalten.

17. Eine Regelung kann nur dann als potenziell schädlich betrachtet werden, wenn der erste Faktor zutrifft, d.h. der effektive Steuersatz „inexistent oder gering" ist. Dies ist das Eingangskriterium. Wenn eine Regelung sowohl auf nationaler als auch auf subnationaler Ebene Steuervergünstigungen bietet, wird die Frage, ob das Kriterium des inexistenten oder geringen Steuersatzes erfüllt ist, im Allgemeinen anhand des kombinierten effektiven Steuersatzes auf nationaler und subnationaler Ebene geklärt. Die Ermäßigung des nationalen Steuersatzes kann in einigen Fällen allein schon als ausreichend betrachtet werden, um zu bestimmen, ob für Rechtsträger, die in den Genuss der Regelung kommen, ein geringer oder inexistenter Steuersatz gilt. Die Anwendung des Kriteriums des inexistenten oder geringen Steuersatzes auf Regelungen, die nur auf subnationaler Ebene Steuervergünstigungen bieten, wird in Kapitel 6 erörtert.

18. Wenn eine Regelung das Kriterium des inexistenten oder geringen Steuersatzes erfüllt, sollte anhand einer Gesamtbewertung der drei anderen „Schlüsselfaktoren" sowie ggf. der acht „weiteren Faktoren" beurteilt werden, ob die Regelung potenziell schädlich ist. Wenn das Kriterium des geringen oder inexistenten Steuersatzes erfüllt ist und mindestens einer der übrigen Faktoren zutrifft, gilt eine Regelung als potenziell schädlich.

C. Untersuchung der wirtschaftlichen Effekte einer Regelung, um zu bestimmen, ob eine potenziell schädliche Regelung auch tatsächlich schädlich ist

19. Eine Regelung, die auf Grund der Analyse der obigen Faktoren als potenziell schädlich identifiziert wurde, kann als effektiv nicht schädlich betrachtet werden, wenn sie offenbar keine schädlichen wirtschaftlichen Effekte hatte.

20. Um dies zu beurteilen, ist es hilfreich, die folgenden drei Fragen zu stellen:

- Führt die Regelung anstatt zu erheblicher neuer Geschäftstätigkeit zu einer Verlagerung von Geschäftstätigkeit von einem anderen Land in das Land, das die präferenzielle Regelung anbietet?
- Stehen die Präsenz und der Grad der Geschäftstätigkeit im Quellenstaat im Verhältnis zum Umfang der Investitionen oder Einnahmen?
- Ist die präferenzielle Regelung der Hauptgrund für die Ansiedlung einer Geschäftstätigkeit[5]?

21. Nach der Untersuchung ihrer wirtschaftlichen Effekte wird eine präferenzielle Regelung, die schädliche Auswirkungen hatte, als schädliche präferenzielle Regelung eingestuft.

22. Wenn festgestellt wurde, dass eine präferenzielle Regelung effektiv schädlich ist, erhält der betreffende Staat die Möglichkeit, die Regelung abzuschaffen oder die Merkmale zu beseitigen, denen der schädliche Effekt zuzuschreiben ist. Andere Staaten können Defensivmaßnahmen ergreifen, um den Folgen der schädlichen Regelung entgegenzuwirken, und dabei gleichzeitig weiter versuchen, den Staat, der die Regelung anwendet, zu deren Änderung oder Abschaffung zu bewegen[6]. Es wird anerkannt, dass Defensivmaßnahmen der Staaten auch in Situationen greifen können, die keine schädliche präferenzielle Regelung nach der Definition des Berichts von 1998 beinhalten. Das Recht der Staaten, derartige Maßnahmen in solchen Situationen anzuwenden, wird durch den Bericht von 1998 nicht berührt[7].

Anmerkungen

1. Vgl. Ziffer 6 des Berichts von 1998, S. 8.
2. Vgl. Ziffer 7 des Berichts von 1998, S. 8.
3. Vgl. Ziffer 59-79 des Berichts von 1998, S. 25-34.
4. Bei der Beurteilung der Faktoren Transparenz und wirkungsvoller Informationsaustausch untersucht das FHTP konkret, wie eine bestimmte Regelung im Hinblick auf diese Kriterien abschneidet. Es ist nicht bestrebt, in die Arbeiten des Globalen Forums einzugreifen, das sich unter allgemeineren Gesichtspunkten mit der Frage der Transparenz und des effektiven Informationsaustauschs insgesamt auseinandersetzt. Soweit bei den Arbeiten des Globalen Forums jedoch auf bestimmte Fragen im Zusammenhang mit einer konkreten Regelung hingewiesen wird, wird dies in der Beurteilung des FHTP berücksichtigt.
5. Wegen weiterer Einzelheiten zu diesen Fragen vgl. Ziffer 80-84 des Berichts von 1998, S. 34-35.
6. Vgl. Ziffer 96 des Berichts von 1998, S. 40.
7. Vgl. Ziffer 98 des Berichts von 1998, wo dieses Prinzip speziell im Hinblick auf Regeln zur Hinzurechnungsbesteuerung (CFC-Regeln) dargelegt ist, S. 41.

Literaturverzeichnis

OECD (1998), *Harmful Tax Competition: An Emerging Global Issue*, OECD Publishing, Paris, *http://dx.doi.org/10.1787/9789264162945-en*.

Kapitel 4

Neuausrichtung der Arbeiten zu schädlichen Steuerpraktiken: Erfordernis der wesentlichen Geschäftstätigkeit (Substanz)

23. Um schädlichen Regelungen effektiver entgegenzuwirken, verlangt Punkt 5 des BEPS-Aktionsplans (OECD, 2014a) vom FHTP, die Arbeiten zu schädlichen Steuerpraktiken neu auszurichten, wobei es prioritär und mit verstärkter Fokussierung darum geht, die Anwendung präferenzieller Regelungen vom Vorliegen einer wesentlichen Geschäftstätigkeit abhängig zu machen und die Transparenz zu erhöhen, insbesondere durch einen verpflichtenden spontanen Informationsaustausch über steuerliche Vorabzusagen („Rulings") im Zusammenhang mit präferenziellen Regelungen. Dieses Kapitel beschreibt die vom FHTP im ersten dieser beiden prioritären Bereiche durchgeführten Arbeiten. Die Erörterung der Frage der wesentlichen Geschäftstätigkeit (Substanz) in diesem Kapitel baut auf der entsprechenden Erörterung im Sachstandsbericht von 2014 (OECD, 2014b) auf und umfasst diese, um zu gewährleisten, dass alle Erörterungen des Nexus-Ansatzes in einem einzigen Bericht zusammengefasst sind. Dieses Kapitel ist folglich vollkommen eigenständig und enthält alle Leitlinien zum Nexus-Ansatz und seiner Anwendung im Zusammenhang mit Regelungen, die für bestimmte aus qualifiziertem geistigem Eigentum resultierende Arten von Einnahmen eine steuerliche Vorzugsbehandlung vorsehen („IP-Regelungen").

I. Einführung

24. Aktionspunkt 5 schreibt für präferenzielle Steuerregelungen ausdrücklich das Vorliegen einer wesentlichen Geschäftstätigkeit vor. Im allgemeineren Kontext der Arbeiten zu Gewinnverkürzung und Gewinnverlagerung (BEPS) ist diese Anforderung Teil der zweiten Säule des BEPS-Projekts, bei der es darum geht, die Besteuerung an der wirtschaftlichen Substanz auszurichten, indem sichergestellt wird, dass zu versteuernde Gewinne nicht mehr künstlich aus den Ländern hinausverlagert werden können, in denen die Wertschöpfung erfolgt. Der im Bericht von 1998 (OECD, 1998) abgesteckte Rahmen enthält bereits ein Erfordernis der wesentlichen Geschäftstätigkeit. Dieses Erfordernis stützt sich insbesondere auf den zwölften im Bericht von 1998 aufgeführten Faktor (d.h. den achten der weiteren Faktoren). Dieser Faktor prüft, ob eine Regelung „Anreize für rein steuerlich motivierte Tätigkeiten und Strukturen schafft", wobei festgestellt wird, dass viele schädliche präferenzielle Regelungen so konzipiert sind, dass sie es Steuerpflichtigen ermöglichen, die Vergünstigungen der betreffenden Regelung in Anspruch zu nehmen, obwohl sie Tätigkeiten nachgehen, die rein steuerlich motiviert sind und keine wesentliche Geschäftstätigkeit beinhalten. Der Bericht von 1998 gibt in begrenztem Umfang Orientierungshilfen für die Anwendung dieses Faktors.

25. Der Faktor der wesentlichen Geschäftstätigkeit wurde unter Aktionspunkt 5 aufgewertet, der vorsieht, dass dieser Faktor im BEPS-Kontext genauer ausgearbeitet wird. Er wird zusammen mit den vier Schlüsselfaktoren geprüft werden, um zu bestimmen, ob eine in den Rahmen der Arbeiten des FHTP fallende präferenzielle Regelung potenziell schädlich ist. Das FHTP untersuchte verschiedene Herangehensweisen für die Anwendung des Faktors der wesentlichen Geschäftstätigkeit im Kontext von IP-Regelungen. Es gibt einen klaren Zusammenhang zwischen diesen Arbeiten und der Feststellung im BEPS-Aktionsplan, wonach die Sorge im Bereich der schädlichen Steuerpraktiken heute möglicherweise weniger dem traditionellen Ring-fencing als vielmehr Senkungen der Körperschaftsteuersätze für bestimmte Arten von Einkünften gilt, wie z.B. für Einkünfte aus der Bereitstellung immaterieller Werte[1]. Alle IP-Regelungen in OECD-Staaten und assoziierten Ländern wurden gleichzeitig im Rahmen der aktuellen Evaluierung geprüft; keine dieser Regelungen war bereits im Rahmen der früheren Arbeiten geprüft worden. Das ausgearbeitete Erfordernis der wesentlichen Geschäftstätigkeit kann deshalb angewendet werden, ohne dass bereits geprüfte IP-Regelungen erneut geprüft werden müssten. Nach Aktionspunkt 5 gilt das Erfordernis der wesentlichen Geschäftstätigkeit für alle präferenziellen Regelungen innerhalb des Anwendungsbereichs, auch für solche, die keine IP-Regelungen sind, und das FHTP hat diesen Aspekt ebenfalls untersucht.

II. Das Erfordernis der wesentlichen Geschäftstätigkeit im Kontext von Regelungen für geistiges Eigentum (IP-Regelungen)

26. Regelungen, die eine steuerliche Vorzugsbehandlung für Einkünfte aus geistigem Eigentum (IP) vorsehen, werfen die Gewinnverkürzungsfragen auf, die im Mittelpunkt der Arbeiten des FHTP stehen. Gleichzeitig wird anerkannt, dass IP-intensive Wirtschaftszweige ein entscheidender Antriebsfaktor für Wachstum und Beschäftigung sind und dass Staaten das Recht haben, Steueranreize für Tätigkeiten im Bereich von Forschung und Entwicklung (FuE) zu gewähren, sofern diese mit den vom FHTP vereinbarten Grundsätzen im Einklang stehen. Mit dem vom FHTP gewählten Ansatz des Erfordernisses der wesentlichen Geschäftstätigkeit soll folglich nicht eine bestimmte Form von IP-Regelung empfohlen werden; vielmehr ist er so konzipiert, dass damit die Grenzen einer IP-Regelung abgesteckt werden, die Vergünstigungen für FuE vorsieht, aber keine schädlichen Auswirkungen auf andere Staaten hat. Das FHTP formuliert keine Empfehlung bezüglich der Einführung von IP-Regelungen, und den Staaten bleibt die Entscheidung freigestellt, eine entsprechende Regelung einzuführen oder nicht. IP-Regelungen, die Vergünstigungen für eine enger abgegrenzte Gruppe von Einkommensarten, Gegenständen geistigen Eigentums, Ausgaben oder Steuerpflichtigen gewähren als im Folgenden beschrieben, stehen ebenfalls mit dem Ansatz des FHTP im Einklang.

27. Das FHTP hat drei verschiedene Vorgehensweisen geprüft, um das Erfordernis der wesentlichen Geschäftstätigkeit in einer IP-Regelung umzusetzen. Der erste Ansatz basierte auf der Wertschöpfung und hätte von den Steuerpflichtigen verlangt, eine bestimmte Anzahl wesentlicher Entwicklungstätigkeiten durchzuführen. Dieser Ansatz erhielt im Vergleich zu den beiden anderen keine Unterstützung. Der zweite Ansatz war ein Verrechnungspreisansatz, der gestattet hätte, dass eine Regelung Steuervergünstigungen für die gesamten aus dem geistigen Eigentum resultierenden Einnahmen vorsieht, wenn der Steuerpflichtige eine bestimmte Anzahl wichtiger Funktionen in dem Staat angesiedelt hat, der die Regelung eingerichtet hat, wenn der Steuerpflichtige der rechtliche Eigentümer der zu den Steuervergünstigungen Anlass gebenden Vermögenswerte ist und diese Vermögenswerte nutzt und wenn der Steuerpflichtige die wirtschaftlichen Risiken der zu den Vergünstigungen Anlass gebenden Vermögenswerte trägt. Der Verrechnungspreisansatz fand zwar die Unterstützung einiger Staaten, allerdings

äußerten viele Länder auch eine Reihe von Bedenken bezüglich dieses Ansatzes, weshalb das FHTP ihn nicht weiterverfolgte. Der dritte Ansatz war der Nexus-Ansatz, auf den sich das FHTP schließlich einigte und der von der G20 gebilligt wurde[2].

28. Dieser Ansatz prüft, ob eine IP-Regelung die gewährten Steuervergünstigungen vom Umfang der FuE-Tätigkeiten der begünstigten Steuerpflichtigen abhängig macht. Er baut auf dem Grundprinzip auf, auf dem Steuergutschriften für FuE und ähnliche ausgabenorientierte Steuerregelungen („front end tax regimes") beruhen, die sich auf die bei der Schaffung von geistigem Eigentum angefallenen Ausgaben beziehen. In diesen ausgabenorientierten Regelungen sind Ausgaben und Steuervergünstigungen direkt miteinander verknüpft, weil die Ausgaben zur Berechnung der Steuervergünstigung herangezogen werden. Der Nexus-Ansatz dehnt diesen Grundsatz auf einnahmenorientierte Steuerregelungen („back end tax regimes") aus, die sich auf die nach der Schaffung und Nutzung des geistigen Eigentums erzielten Einnahmen beziehen. Anstatt also den Spielraum der Staaten auf IP-Regelungen zu beschränken, bei denen die Steuervergünstigungen direkt für die bei der Schaffung des geistigen Eigentums angefallenen Ausgaben gewährt werden, eröffnet der Nexus-Ansatz den Staaten die Möglichkeit, auch Steuervergünstigungen für die aus diesem geistigen Eigentum resultierenden Einnahmen zu gewähren, solange eine direkte Verknüpfung zwischen den steuerbegünstigten Einnahmen und den Ausgaben besteht, die zu diesen Einnahmen beigetragen haben. Diese Fokussierung auf die Ausgaben steht mit dem eigentlichen Zweck von IP-Regelungen im Einklang, da sie sicherstellt, dass die Regelungen, die Anreize für FuE-Tätigkeiten schaffen sollen, nur Steuerpflichtigen Vergünstigungen gewähren, die solche Tätigkeiten auch tatsächlich durchführen.

29. Die Ausgaben fungieren deshalb als Hilfsvariable für die wesentliche Geschäftstätigkeit. Dabei dient nicht der *Betrag* der Ausgaben als direkte Hilfsvariable für den Umfang der Aktivitäten. Es ist vielmehr der *Anteil* der direkt mit den Entwicklungstätigkeiten verknüpften Ausgaben, der die tatsächliche Wertschöpfung des Steuerpflichtigen veranschaulicht und als Hilfsvariable für den Umfang der vom Steuerpflichtigen durchgeführten wesentlichen Geschäftstätigkeit fungiert. Der Nexus-Ansatz stützt sich auf eine proportionale Analyse der Einnahmen, nach der der Anteil der in einer IP-Regelung steuerbegünstigten Einnahmen dem Anteil der qualifizierten Ausgaben an den Gesamtausgaben entspricht. Anders ausgedrückt können Regelungen nach dem Nexus-Ansatz einen vergünstigten Steuersatz für IP-bezogene Einnahmen vorsehen, soweit diese Einnahmen aus qualifizierten Ausgaben resultieren. Der Zweck des Nexus-Ansatzes besteht darin, Steuervergünstigungen nur für solche Einnahmen zu gewähren, die aus geistigem Eigentum resultieren, bei dem die eigentliche FuE-Tätigkeit vom Steuerpflichtigen selbst durchgeführt wurde. Dieses Ziel wird erreicht, indem „qualifizierte Ausgaben" so definiert werden, dass wirksam verhindert wird, dass bloße Kapitalleistungen oder Ausgaben für wesentliche FuE-Tätigkeiten von anderen Beteiligten als dem Steuerpflichtigen selbst im Rahmen einer IP-Regelung einen Anspruch auf Steuervergünstigungen für die daraus resultierenden Einnahmen begründen.

30. Wenn ein Unternehmen nur einen einzigen Gegenstand geistigen Eigentums besäße und alle mit der Entwicklung dieses Vermögenswerts verbundenen Ausgaben selbst getragen hätte, würde der Nexus-Ansatz einfach für alle aus diesem geistigen Eigentumswert resultierenden Einnahmen Anspruch auf eine Vergünstigung gewähren. Sobald das Geschäftsmodell eines Unternehmens jedoch komplexer wird, muss auch der Nexus-Ansatz notwendigerweise komplexer werden, weil eine Verknüpfung zwischen mehreren Arten von Einnahmen und Ausgaben hergestellt werden muss, von denen möglicherweise nur ein paar qualifizierte Ausgaben sind. Um dieser Komplexität gerecht zu werden, werden die Einnahmen im Nexus-Ansatz unter Bezugnahme auf das Verhältnis zwischen verschiedenen

Ausgabengrößen aufgeteilt. Für welche Einkünfte Anspruch auf Steuervergünstigungen besteht, wird nach dem Nexus-Ansatz durch folgende Berechnung bestimmt:

$$\frac{\text{Qualifizierte Ausgaben für die Entwicklung des geistigen Eigentumswerts}}{\text{Gesamtausgaben für die Entwicklung des geistigen Eigentumswerts}} \times \text{Aus dem geistigen Eigentumswert resultierende Gesamteinkünfte} = \text{Steuerbegünstigte Einkünfte}$$

31. Der Quotient in dieser Formel (das „Nexus-Verhältnis“) enthält nur die qualifizierten Ausgaben und die Gesamtausgaben des Rechtsträgers. Somit sind darin nicht alle Ausgaben berücksichtigt, die im Verlauf der Entwicklung des betreffenden geistigen Eigentumswerts getätigt wurden. Wie in der nachstehenden Erörterung der qualifizierten Ausgaben und der Gesamtausgaben erläutert wird, hätte ein qualifizierter Steuerpflichtiger, der den Gegenstand geistigen Eigentums nicht eingekauft hat oder dessen Entwicklung nicht bei einem nahestehenden Dritten in Auftrag gegeben hat, demnach ein Nexus-Verhältnis von 100%, das auf die Gesamteinnahmen des Rechtsträgers aus dem geistigen Eigentumswert anzuwenden wäre. Dies bedeutet wiederum, dass der Nexus-Ansatz nicht in der Absicht entwickelt wurde, Gestaltungen zu benachteiligen, bei denen verschiedene Rechtsträger Tätigkeiten nachgehen, die zur Entwicklung von geistigem Eigentum beitragen[3].

32. Wenn die Höhe der Einkünfte, die nach einer IP-Regelung steuerbegünstigt sind, den nach dem Nexus-Ansatz bestimmten Betrag nicht übersteigt, erfüllt die Regelung das Erfordernis der wesentlichen Geschäftstätigkeit. Im übrigen Teil dieses Abschnitts werden weitere Hinweise zur Anwendung des Nexus-Ansatzes und zu der vorstehenden Berechnung gegeben.

A. *Qualifizierte Steuerpflichtige*

33. Zu den qualifizierten Steuerpflichtigen gehören gebietsansässige Unternehmen, inländische Betriebsstätten ausländischer Unternehmen sowie ausländische Betriebsstätten gebietsansässiger Unternehmen, die in dem die Steuervergünstigungen gewährenden Staat steuerpflichtig sind. Die Einkünfte der Geschäftsleitung können nicht unter Verweis auf die in einer Betriebsstätte angefallenen Ausgaben als qualifizierte Einkünfte eingestuft werden, wenn die Betriebsstätte zu dem Zeitpunkt, an dem die Einkünfte erzielt werden, nicht tätig ist[4].

B. *Geistiges Eigentum*

34. Die einzigen Gegenstände geistigen Eigentums, die nach dem Nexus-Ansatz in der vorgesehenen Form die Voraussetzungen für Steuervergünstigungen im Rahmen einer IP-Regelung erfüllen können, sind Patente und andere geistige Eigentumswerte, die Patenten funktionell entsprechen, sofern diese Vermögenswerte sowohl rechtlich geschützt sind[5] als auch ähnlichen Genehmigungs- und Registrierungsverfahren unterliegen, falls solche Verfahren relevant sind. Bei Gegenständen geistigen Eigentums, die Patenten funktionell gleichzusetzen sind, handelt es sich um *i)* Patente im weiteren Sinne, *ii)* urheberrechtlich geschützte Software sowie *iii)* unter bestimmten Umständen sonstige Gegenstände geistigen Eigentums, deren Erfindung nach dem gegenwärtigen Erkenntnisstand nicht naheliegend ist („non-obvious“) und die nützlich sowie neuartig sind.

35. Für die Zwecke der ersten Kategorie funktionell gleichzusetzender Gegenstände geistigen Eigentums handelt es sich bei den Patenten, die den Anforderungen des Nexus-Ansatzes entsprechen, nicht nur um Patente im engeren Wortsinne, sondern auch um Gebrauchs-

muster, geistiges Eigentum an Pflanzen und genetischem Material, Ausweisungen als Arzneimittel für seltene Leiden (Orphan-Arzneimittel) sowie Patentschutzverlängerungen. Gebrauchsmuster dienen im Allgemeinen, unabhängig davon, wie sie nach innerstaatlichem Recht genannt werden (z.B. „Kleinpatente", „Innovationspatente", „Patente mit verkürzter Laufzeit"), zum Schutz inkrementeller Erfindungen, unterliegen einem weniger strengen Verfahren und gewähren Schutz für einen kürzeren Zeitraum. Geistiges Eigentum an Pflanzen und genetischem Material umfasst Schutzrechte für Pflanzenzüchter, die diesen die alleinige Kontrolle über neue Pflanzensorten gewähren. Die Ausweisung als Arzneimittel für seltene Leiden erfolgt durch staatliche Stellen für bestimmte Arzneimittel, die zur Behandlung seltener Erkrankungen bzw. für Erkrankungen entwickelt wurden, mit deren Behandlung keine deutlichen Gewinne erzielt werden können, wobei der Status als Orphan-Arzneimittel Exklusivrechte auf die betreffende Innovation gewährt. Patentschutzverlängerungen wie z.B. ergänzende Schutzzertifikate dehnen die Exklusivrechte für bestimmte Patente für Pharmazeutika oder Pflanzenschutzmittel aus und anerkennen damit, dass die Erforschung und Entwicklung von solchem geistigem Eigentum im Allgemeinen mehr Zeit in Anspruch nimmt als für andere Gegenstände geistigen Eigentums, was eine Verlängerung der Schutzdauer über die eigentliche Laufzeit des Patents hinaus rechtfertigt. Geistiges Eigentum der ersten Kategorie umfasst somit Patente im weiteren Sinne einschließlich Patentschutzverlängerungen.

36. Urheberrechtlich geschützte Software[6] weist die gleichen Grundmerkmale wie Patente auf, da sie neuartig, nützlich und nach dem gegenwärtigen Erkenntnisstand nicht naheliegend sein muss. Sie ist das Resultat der Art von Innovation und FuE, die IP-Regelungen üblicherweise fördern sollen, und es ist unwahrscheinlich, dass Steuerpflichtige in der Softwarebranche fremde Dritte mit der Entwicklung ihrer wesentlichen Software beauftragen. Urheberrechtlich geschützte Software bildet daher die zweite Kategorie funktional gleichwertiger Gegenstände geistigen Eigentums, allerdings sind andere urheberrechtlich geschützte Vermögenswerte nicht in der Definition funktional gleichwertiger Gegenstände geistigen Eigentums enthalten, da sie nicht aus der gleichen Art von FuE-Aktivitäten hervorgehen wie Software.

37. Qualifiziertes geistiges Eigentum kann auch Gegenstände geistigen Eigentums umfassen, die in keine der beiden ersten Kategorien fallen, aber gemeinsame Merkmale mit Patenten aufweisen (d.h. nützlich, neuartig und nach dem gegenwärtigen Erkenntnisstand nicht naheliegend sind), den Gegenständen geistigen Eigentums der ersten beiden Kategorien im Wesentlichen entsprechen und in dieser Eigenschaft in einem transparenten Zertifizierungsverfahren durch eine zuständige staatliche Stelle, die von der Steuerverwaltung unabhängig ist, anerkannt wurden. Ein solches Zertifizierungsverfahren muss zudem volle Transparenz über die Arten der Vermögenswerte gewährleisten, um die es sich handelt. Anspruch auf die Vergünstigungen können nur Steuerpflichtige erheben, deren globaler konzernweiter Umsatz 50 Mio. Euro (bzw. den in etwa entsprechenden Betrag in Landeswährung) nicht übersteigt und deren eigene Bruttoerlöse aus sämtlichen geistigen Eigentumswerten 7,5 Mio. Euro pro Jahr (bzw. den in etwa entsprechenden Betrag in Landeswährung) nicht übersteigen, wobei bei beiden Berechnungen ein Fünfjahresdurchschnitt zu Grunde zu legen ist[7]. Staaten, die Vergünstigungen für Einkünfte der dritten Kategorie geistigen Eigentums gewähren, sollten das FHTP davon in Kenntnis setzen und Informationen zu den geltenden gesetzlichen und verwaltungsrechtlichen Bestimmungen liefern. Sie sollten dem FHTP Informationen zur jeweiligen Zahl der verschiedenen Arten von geistigen Eigentumswerten, die unter die dritte Kategorie fallen, zur Zahl der Steuerpflichtigen, denen im Rahmen dieser dritten Kategorie Vergünstigungen gewährt werden, sowie zum Gesamtumfang der IP-Einkünfte, die mit der dritten Kategorie geistiger Eigentumswerte erzielt werden, für die die IP-Regelung geltend gemacht wird, liefern. Die Staaten müssten

ferner spontan Informationen über Steuerpflichtige austauschen, denen Vergünstigungen im Rahmen der dritten Kategorie geistiger Eigentumswerte gewährt werden, und zwar nach dem in Kapitel 5 beschriebenen Verfahren[8]. Das FHTP wird die dritte Kategorie geistigen Eigentums spätestens 2020 einer Prüfung unterziehen.

38. Der Nexus-Ansatz zielt darauf ab, eine Verknüpfung zwischen den Ausgaben, den entsprechenden geistigen Eigentumswerten und den Einkünften herzustellen. Nach dem Nexus-Ansatz können marketingbezogene geistige Eigentumswerte, wie z.B. Marken, nie die Voraussetzungen für Steuervergünstigungen im Rahmen einer IP-Regelung erfüllen[9].

C. *Qualifizierte Ausgaben*

39. Qualifizierte Ausgaben müssen bei einem qualifizierten Steuerpflichtigen angefallen sein, und sie müssen direkt mit dem betreffenden geistigen Eigentumswert verbunden sein. Die Staaten werden ihre eigenen Definitionen qualifizierter Ausgaben vorlegen, wobei diese Definitionen sicherstellen müssen, dass die qualifizierten Ausgaben nur solche Ausgaben umfassen, die für tatsächlich durchgeführte FuE-Tätigkeiten getätigt wurden. Die Definitionen dürften jene Arten von Ausgaben umfassen, für die nach den Steuergesetzen vieler Staaten derzeit FuE-Steuergutschriften gewährt werden[10]. Zinszahlungen, Baukosten, Anschaffungskosten oder sonstige Kosten, bei denen kein direkter Zusammenhang mit einem spezifischen geistigen Eigentumswert hergestellt werden kann, würden nicht berücksichtigt[11]. Wenn allerdings Ausgaben für allgemeine und spekulative FuE unter den qualifizierten Ausgaben für einen bestimmten Gegenstand geistigen Eigentums, mit denen sie in direktem Zusammenhang stehen, nicht berücksichtigt werden können, könnten sie stattdessen anteilsmäßig auf verschiedene Gegenstände oder Produkte geistigen Eigentums aufgeteilt werden. Qualifizierte Ausgaben werden in die Nexus-Berechnung zu dem Zeitpunkt aufgenommen, an dem sie getätigt werden, unabhängig von ihrer Behandlung für Rechnungslegungs- oder sonstige Besteuerungszwecke. Anders ausgedrückt werden Ausgaben, die im Jahr ihres Entstehens nicht voll abzugsfähig sind, weil sie aktiviert werden, im Nexus-Wert dennoch vollständig ab dem Jahr berücksichtigt, in dem sie angefallen sind. Diese Regel für den Anrechnungszeitraum gilt nur für die Zwecke des Nexus-Wertes und zielt nicht auf eine Änderung entsprechender Regeln ab, die innerstaatliche Steuervorschriften vorsehen.

40. Bei der Berechnung der qualifizierten Ausgaben können die Staaten den Steuerpflichtigen gestatten, einen 30%igen Aufschlag („Uplift") auf die Ausgaben vorzunehmen, die in den qualifizierten Ausgaben berücksichtigt sind. Mit diesem Aufschlag können die qualifizierten Ausgaben angehoben werden, allerdings nur insoweit, wie der Steuerpflichtige nichtqualifizierte Ausgaben getätigt hat. Anders ausgedrückt kann der angehobene Betrag der qualifizierten Ausgaben die Gesamtausgaben des Steuerpflichtigen nicht übersteigen. Dies kann anhand der folgenden Beispiele veranschaulicht werden.

- Beispiel A: Der Steuerpflichtige hat selbst qualifizierte Ausgaben in Höhe von 100 getätigt, ihm sind Anschaffungskosten in Höhe von 10 entstanden, und er hat 40 für die FuE-Aufwendungen eines nahestehenden Dritten gezahlt. Die qualifizierten Ausgaben belaufen sich also ursprünglich auf 100, und die maximal mögliche Anhebung beträgt 30 (d.h. 100 x 30%). Der Steuerpflichtige kann seine qualifizierten Ausgaben nur auf 130 anheben, wenn sich seine Gesamtausgaben mindestens auf 130 belaufen. In diesem Beispiel betragen die Gesamtausgaben 150, durch den Aufschlag können die qualifizierten Ausgaben somit auf 130 angehoben werden. Die IP-Einkünfte werden folglich mit 130/150 (bzw. 86,7%) multipliziert.

- Beispiel B: Der Steuerpflichtige hat selbst qualifizierte Ausgaben in Höhe von 100 getätigt, ihm sind Anschaffungskosten in Höhe von 5 entstanden, und er hat 20 für die FuE-Aufwendungen eines nahestehenden Dritten gezahlt. Bei Anwendung des maximal möglichen Aufschlags würden die qualifizierten Ausgaben wieder auf 130 angehoben, jedoch belaufen sich die Gesamtausgaben des Steuerpflichtigen in diesem Beispiel nur auf 125. Durch den Aufschlag können sich die qualifizierten Ausgaben des Steuerpflichtigen folglich nur auf 125 erhöhen, und so werden die IP-Einkünfte mit 125/125 (bzw. 100%) multipliziert.

41. Zweck des Aufschlags ist es, sicherzustellen, dass Steuerpflichtige, die Gegenstände geistigen Eigentums erwerben oder FuE-Aktivitäten bei nahestehenden Dritten in Auftrag geben, durch den Nexus-Ansatz nicht zu sehr benachteiligt werden. Mit dem Aufschlag ist nach wie vor gewährleistet, dass die Steuerpflichtigen nur dann Vergünstigungen erhalten, wenn sie selbst FuE-Aktivitäten durchgeführt haben, zugleich wird aber der Tatsache Rechnung getragen, dass Steuerpflichtige, die geistiges Eigentum eingekauft oder einen Teil der FuE bei nahestehenden Dritten in Auftrag gegeben haben, dennoch selbst für einen Großteil der Wertschöpfung verantwortlich sein können, die zu den IP-Einkünften beiträgt.

D. Gesamtausgaben

42. Die Gesamtausgaben sollten so definiert werden, dass sich ein Quotient ergibt, nach dem die präferenzielle Regelung, wenn alle relevanten Ausgaben beim qualifizierten Steuerpflichtigen selbst angefallen wären, auf 100% der aus dem geistigen Eigentumswert resultierenden Einkünfte angewandt werden könnte. Dies bedeutet, dass die Gesamtausgaben der Summe aller Ausgaben entsprechen müssen, die als qualifizierte Ausgaben eingestuft würden, wenn sie durch den Steuerpflichtigen selbst getätigt worden wären. Das wiederum bedeutet, dass alle Ausgaben, die nicht als qualifizierte Ausgaben eingestuft würden, selbst wenn sie beim Steuerpflichtigen selbst angefallen wären (z.B. Zinszahlungen, Baukosten sowie andere Kosten, die keinen effektiven FuE-Tätigkeiten entsprechen), nicht in die Gesamtausgaben aufgenommen werden können und folglich keine Auswirkungen auf die Höhe der im Rahmen einer IP-Regelung steuerbegünstigten Einkünfte haben. Anschaffungskosten für geistiges Eigentum stellen eine Ausnahme dar, weil sie in den Gesamtausgaben und nicht in den qualifizierten Ausgaben enthalten sind. Ihr Ausschluss steht jedoch im Einklang mit dem Grundsatz, der regelt, was in den Gesamtausgaben zu berücksichtigen ist, weil sie eine Hilfsvariable für die bei einem nicht qualifizierten Steuerpflichtigen angefallenen Ausgaben sind. Die Gesamtausgaben umfassen folglich alle qualifizierten Ausgaben sowie alle Anschaffungskosten und Ausgaben für Auftragsforschung, die nicht als qualifizierte Ausgaben gelten.

43. Der Nexus-Ansatz erfasst somit nicht alle Ausgaben, die im Verlauf der Entwicklung eines geistigen Eigentumswerts getätigt wurden, unter den Gesamtausgaben. Vielmehr ergänzt er die qualifizierten Ausgaben nur um zwei Elemente: Ausgaben für Auftragsforschung durch nahestehende Dritte und Anschaffungskosten[12]. Der Nexus-Quotient kann demnach folgendermaßen dargestellt werden:

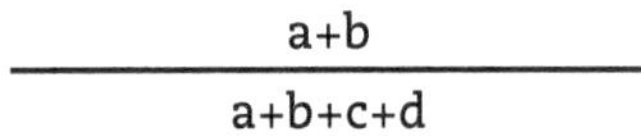

$$\frac{a+b}{a+b+c+d}$$

44. In dieser Version des Nexus-Quotienten steht *a* für FuE-Ausgaben, die beim Steuerpflichtigen selbst angefallen sind, *b* für Ausgaben für von fremden Dritten durchgeführte Auftragsforschung, *c* für Anschaffungskosten und *d* für Ausgaben für von

nahestehenden Dritten durchgeführte Auftragsforschung. Das bedeutet, dass der Nexus-Wert nur dann unter 100% sinken kann, wenn der Steuerpflichtige die FuE-Aktivitäten von nahestehenden Dritten hat durchführen lassen oder die FuE eingekauft hat. Ausgaben für nicht erfolgreiche FuE werden üblicherweise nicht im Nexus-Wert erfasst, was insofern mit dem Zweck von IP-Regelungen im Einklang steht, die Vergünstigungen für erzielte Einkünfte gewähren, als nicht erfolgreiche FuE per definitionem nicht zu Einkünften führt. Wenn dem Steuerpflichtigen jedoch Ausgaben für eigene FuE oder Auftragsforschung durch fremde Dritte im Zusammenhang mit einem umfangreicheren FuE-Projekt entstanden sind, aus dem ein einkünftegenerierender Gegenstand geistigen Eigentums hervorgegangen ist, so kann eine IP-Regelung auch sämtliche derartige FuE-Ausgaben in den qualifizierten Ausgaben berücksichtigen und nicht nur die FuE-Ausgaben, für die im Nachhinein festgestellt wird, dass sie direkt zu den IP-Einkünften beigetragen haben. Solche Ausgaben könnten genauso behandelt werden wie allgemeine oder spekulative FuE und entweder anteilsmäßig auf die verschiedenen Gegenstände geistigen Eigentums verteilt oder unter den qualifizierten Ausgaben erfasst werden, falls ein direkter Zusammenhang zwischen dem betreffenden Gegenstand geistigen Eigentums und den Ausgaben hergestellt werden kann. Wie die qualifizierten Ausgaben werden auch die Gesamtausgaben zu dem Zeitpunkt in die Nexus-Formel aufgenommen, an dem sie getätigt werden, unabhängig von ihrer Behandlung für Rechnungslegungs- oder sonstige Besteuerungszwecke. Diese Regel für den Anrechnungszeitraum gilt nur für die Zwecke des Nexus-Wertes und zielt insofern nicht auf eine Änderung entsprechender Regeln in innerstaatlichen Steuervorschriften ab, als sie für andere Zwecke angewandt wird, einschließlich der Berechnung der Gesamteinkünfte aus dem betreffenden Gegenstand geistigen Eigentums[13].

45. Die Gesamtausgaben werden häufig getätigt, bevor die Einnahmen generiert werden, bei denen Anspruch auf eine Steuervergünstigung im Rahmen einer IP-Regelung bestehen könnte. Im Nexus-Ansatz werden die einzelnen Elemente addiert, und die Berechnung verlangt zum einen, dass die „qualifizierten Ausgaben" alle beim Steuerpflichtigen während der Lebensdauer des geistigen Eigentumswerts angefallenen qualifizierten Ausgaben umfassen, und zum anderen, dass die „Gesamtausgaben" alle während der Lebensdauer des geistigen Eigentumswerts angefallenen Gesamtausgaben umfassen. Die entsprechenden Zahlen steigen folglich jedes Mal, wenn ein Steuerpflichtiger Ausgaben tätigt, die unter die eine oder andere Kategorie fallen. Das Verhältnis zwischen den kumulierten Zahlen bestimmt dann den Prozentsatz, der auf die Gesamteinkünfte jeden Jahres anzuwenden ist.

E. Gesamteinkünfte

46. Die Staaten werden die „Gesamteinkünfte" im Einklang mit ihren innerstaatlichen Rechtsvorschriften bezüglich der Einkünftedefinition nach Anwendung der Verrechnungspreisregeln definieren. Die von ihnen gewählte Definition sollte mit den folgenden Grundsätzen übereinstimmen:

Die Einkünfte, die durch die Regelung begünstigt werden, sollten verhältnismäßig sein

47. Die Gesamteinkünfte sollten so definiert werden, dass die durch die Regelung begünstigten Einkünfte nicht unverhältnismäßig hoch sind im Vergleich zum Prozentsatz der durch die qualifizierten Steuerpflichtigen getätigten qualifizierten Ausgaben. Dies bedeutet, dass die Gesamteinkünfte nicht als die aus dem geistigen Eigentumswert resultierenden Bruttoeinnahmen definiert werden sollten, da eine solche Definition dazu führen könnte, dass 100% der Nettoeinnahmen der qualifizierten Steuerpflichtigen begünstigt würden, selbst wenn diese Steuerpflichtigen nicht 100% der qualifizierten Ausgaben getätigt hätten.

Die Gesamteinkünfte sollten stattdessen berechnet werden, indem die den IP-Einkünften zuzuordnenden und im betreffenden Jahr angefallenen IP-Ausgaben von den im betreffenden Jahr erzielten IP-Bruttoeinnahmen abgezogen werden[14].

Die Gesamteinkünfte sollten auf Einkünfte aus geistigem Eigentum (IP-Einkünfte) beschränkt sein

48. Die Gesamteinkünfte sollten nur Einkünfte umfassen, die aus dem betreffenden Gegenstand geistigen Eigentums hervorgehen. Dazu zählen Lizenzgebühren, Veräußerungsgewinne und sonstige Einnahmen aus der Veräußerung eines geistigen Eigentumswerts sowie Einnahmen aus dem Verkauf von Produkten und der Nutzung von Verfahren, die direkt mit dem geistigen Eigentumswert zusammenhängen („Embedded IP income"). Staaten, die sich dafür entscheiden, Vergünstigungen für „Embedded IP income" zu gewähren, müssen ein konsistentes und kohärentes Verfahren zur Trennung der Einkünfte, die nicht mit Gegenständen geistigen Eigentums zusammenhängen (z.B. Marketing- und Herstellungserlöse), von den IP-Einkünften umsetzen. Eine Methode, dies zu gewährleisten, könnte beispielsweise auf Verrechnungspreisgrundsätzen beruhen[15].

F. *Auftragsforschung*

49. Der Nexus-Ansatz soll sicherstellen, dass nur dann ein erheblicher Anteil der IP-Einkünfte die Voraussetzungen für Vergünstigungen erfüllen kann, wenn auch ein erheblicher Anteil der effektiven FuE-Tätigkeiten von dem qualifizierten Steuerpflichtigen selbst durchgeführt wurde. Nach dem Nexus-Ansatz wäre es möglich, alle qualifizierten Betriebsausgaben für Tätigkeiten, die von fremden Dritten durchgeführt werden (unabhängig davon, ob sich diese innerhalb des betreffenden Staates befinden), geltend zu machen, während alle Ausgaben für Tätigkeiten, die von nahestehenden Dritten durchgeführt werden – wiederum unabhängig davon, ob sich diese innerhalb des betreffenden Staates befinden – nicht als qualifizierte Betriebsausgaben geltend gemacht werden können[16].

50. Als Geschäftspraxis dürfte die unbegrenzte Vergabe von Forschungsaufträgen an fremde Dritte den Steuerpflichtigen nicht viele Möglichkeiten bieten, Vergünstigungen zu erhalten, ohne dass sie selbst wesentliche Tätigkeiten durchführen, weil ein Unternehmen zwar nahestehende Dritte mit dem gesamten Spektrum der FuE-Tätigkeiten beauftragen kann, dies für fremde Dritte aber üblicherweise nicht der Fall ist. Da der Großteil des Werts eines Gegenstands geistigen Eigentums sowohl aus der zur Schaffung dieses Gegenstands durchgeführten FuE als auch aus den für diese FuE-Tätigkeiten erforderlichen Informationen herrührt, ist es unwahrscheinlich, dass ein Unternehmen die grundlegenden Wertschöpfungstätigkeiten von einem fremden Dritten durchführen lässt, unabhängig davon, wo sich dieser befindet[17]. Wenn nur die bei fremden Dritten angefallenen Ausgaben als qualifizierte Betriebsausgaben behandelt werden, wird folglich das Ziel des Nexus-Ansatzes erreicht, Steuervergünstigungen nur für Einkünfte zu gewähren, die aus den wesentlichen FuE-Tätigkeiten resultieren, die vom Steuerpflichtigen selbst durchgeführt werden und die zu den Einkünften beitrugen. Die Staaten könnten die Definition von fremden Dritten einschränken, so dass sie nur Universitäten, Krankenhäuser, FuE-Zentren sowie Einrichtungen ohne Erwerbszweck umfasst, die nicht mit dem qualifizierten Steuerpflichtigen verbunden sind. Wenn eine Zahlung ohne Marge über einen nahestehenden Dritten an einen fremden Dritten geleistet wird, gilt die Zahlung als qualifizierte Betriebsausgabe.

51. Die Staaten könnten die Auftragsforschung durch fremde Dritte auch nur bis zu einem bestimmten Prozentsatz oder Anteil zulassen (wobei Auftragsforschung durch nahestehende Dritte weiterhin aus der Definition der qualifizierten Betriebsausgaben

ausgeschlossen bliebe). Wie weiter oben erläutert, sind die wirtschaftlichen Realitäten in der Regel solcherart, dass ein Unternehmen fremde Dritte normalerweise nur mit einem unwesentlichen Teil seiner FuE-Tätigkeiten betrauen würde, so dass sowohl die Nichtberücksichtigung der Auftragsforschung durch nahestehende Dritte als auch eine Kombination dieser Nichtberücksichtigung mit einer Höchstgrenze, die die Berücksichtigung von über einen unwesentlichen Betrag hinausgehenden Ausgaben für Auftragsforschung durch fremde Dritte verhindert, den gleichen Effekt haben dürften, nämlich die qualifizierten Betriebsausgaben auf solche Ausgaben zu begrenzen, die zur Unterstützung grundlegender FuE-Tätigkeiten des Steuerpflichtigen getätigt werden.

G. Behandlung von erworbenem geistigem Eigentum

52. Das Grundprinzip der Behandlung von erworbenem geistigem Eigentum im Nexus-Ansatz ist, dass nur die zur Verbesserung des geistigen Eigentumswerts nach dessen Erwerb angefallenen Ausgaben als qualifizierte Ausgaben behandelt werden sollten. Um dies zu erreichen, würde der Nexus-Ansatz, wie weiter oben bereits erwähnt, die Anschaffungskosten von der Definition der qualifizierten Ausgaben ausschließen und nur die nach dem Erwerb angefallenen Ausgaben als qualifizierte Ausgaben behandeln. Die Anschaffungskosten würden jedoch in die Gesamtausgaben aufgenommen. Zu den Anschaffungskosten gehören unter anderem die Kosten, die für den Erwerb von Forschungsrechten angefallen sind[18]. Die Anschaffungskosten (oder – im Fall der Lizenzvergabe – die Lizenz- oder Konzessionsgebühren) sind eine Hilfsvariable für die vor dem Kauf angefallenen Gesamtausgaben. Deshalb werden bei einem Beteiligten vor dem Erwerb angefallene Ausgaben weder unter den qualifizierten Ausgaben noch unter den Gesamtausgaben berücksichtigt[19]. Bei dem Erwerb von nahestehenden Dritten muss der Fremdvergleichspreis zur Bestimmung der Anschaffungskosten verwendet werden. Da für die Steuerpflichtigen ein Anreiz bestehen kann, den Wert von Übertragungen zwischen nahestehenden Dritten im Rahmen von IP-Regelungen zu niedrig anzusetzen, ist es für alle bei nahestehenden Dritten getätigte Anschaffungen erforderlich, dass die Steuerpflichtigen eine Dokumentation erstellen, in der der Fremdvergleichspreis begründet ist, einschließlich Unterlagen zu den Gesamtausgaben, die dem übertragenden nahestehenden Dritten entstanden sind. Anschaffungen umfassen alle Übertragungen von Rechten, unabhängig davon, ob tatsächlich eine Zahlung erfolgt ist.

H. Rückverfolgung von Einkünften und Ausgaben („Tracking“)

53. Da der Nexus-Ansatz voraussetzt, dass eine Verknüpfung zwischen Ausgaben und Einkünften besteht, müssen Staaten, die eine IP-Regelung einführen möchten, Steuerpflichtige, die eine solche IP-Regelung in Anspruch nehmen wollen, verpflichten, Ausgaben, geistige Eigentumswerte und Einkünfte zurückzuverfolgen, damit gewährleistet ist, dass die steuerbegünstigten Einkünfte effektiv aus den Ausgaben resultieren, die den Anspruch auf die betreffenden Vergünstigungen begründen. Wenn ein Steuerpflichtiger nur einen geistigen Eigentumswert hat, den er vollständig selbst entwickelt hat und auf dem seine gesamten Einkünfte basieren, dürfte diese Rückverfolgung relativ einfach sein, da die gesamten bei diesem Unternehmen angefallenen qualifizierten Betriebsausgaben maßgeblich für die zu gewährenden Vergünstigungen für die gesamten von diesem Unternehmen erzielten IP-Einkünfte sind. Sobald ein Unternehmen mehr als einen geistigen Eigentumswert hat oder Forschungsaktivitäten bei Dritten in Auftrag gibt oder Forschung einkauft, ganz gleich, in welchem Umfang, wird eine genaue Rückverfolgung jedoch unerlässlich. Die Rückverfolgung muss zudem gewährleisten, dass die Steuerpflichtigen den Betrag der Gesamtausgaben nicht manipuliert haben, um den Einkünftebetrag, auf den die Steuervergünstigungen

im Rahmen der Regelung gewährt werden, künstlich zu erhöhen. Dies bedeutet, dass die Steuerpflichtigen dazu in der Lage sein müssen, den Zusammenhang zwischen den Ausgaben und den Einkünften zurückzuverfolgen und ihrer Steuerverwaltung entsprechende Nachweise vorzulegen. Wenn sie keine solche Rückverfolgung vornehmen, wird dies die Steuerpflichtigen nicht daran hindern, in einem Staat IP-Einkünfte zu erzielen, es wird sie aber daran hindern, eine präferenzielle IP-Regelung in Anspruch zu nehmen.

54. Die Hauptschwierigkeit bei diesem Tracking ergibt sich daraus, dass ein vergünstigter Steuersatz für bestimmte IP-Einkünfte gilt, was von der betreffenden Regelung und nicht vom Nexus-Ansatz abhängig ist, wobei die bestehenden IP-Regelungen darauf hindeuten, dass die Steuerpflichtigen bereit sind, bestimmte häufig komplexe Anforderungen zu erfüllen, wenn dies notwendig ist, um eine optionale Steuervergünstigung zu erhalten. Da der Nexus-Ansatz die Anforderungen der IP-Regelungen der einzelnen Staaten standardisieren wird, kann er langfristig die Gesamtkomplexität reduzieren, mit der Steuerpflichtige, die mehrere IP-Regelungen in Anspruch nehmen, derzeit konfrontiert sind.

55. Das Grundprinzip, auf dem der Nexus-Ansatz basiert, lautet, dass Einkünfte nur insoweit in den Genuss einer IP-Regelung kommen sollten, als die FuE-Ausgaben, die zur Entstehung des entsprechenden geistigen Eigentums beigetragen haben, beim Steuerpflichtigen selbst angefallen sind. Hat der Steuerpflichtige das geistige Eigentum hingegen erworben oder einen nahestehenden Dritten mit der FuE beauftragt, sollten die aus dem erworbenen geistigen Eigentum oder der Auftragsforschung resultierenden Einkünfte nicht in den Genuss einer IP-Regelung kommen. Der Nexus-Ansatz wurde so konzipiert, dass ein Zusammenhang zwischen den Ausgaben, den Gegenständen geistigen Eigentums und den entsprechenden Einkünften vorliegen muss, und deshalb müssen die Steuerpflichtigen eine Rückverfolgung zu den Gegenständen geistigen Eigentums vornehmen. Wo ein solches Tracking jedoch unrealistisch wäre und willkürliche Entscheidungen voraussetzen würde, können die Staaten auch zulassen, dass der Nexus-Ansatz so angewandt wird, dass die Verknüpfung zwischen den Ausgaben, den aus den Gegenständen geistigen Eigentums resultierenden Produkten und den Einkünften bestehen kann. Bei einem derartigen Ansatz müssten die Steuerpflichtigen alle qualifizierten Ausgaben, die mit der Entwicklung sämtlicher Gegenstände geistigen Eigentums verbunden waren, die zu dem betreffenden Produkt beitrugen, in die „qualifizierten Ausgaben" und alle Gesamtausgaben, die mit der Entwicklung sämtlicher Gegenstände geistigen Eigentums verbunden waren, die zu dem betreffenden Produkt beitrugen, in die „Gesamtausgaben" aufnehmen. Der entsprechende Gesamtquotient würde dann auf die Gesamteinkünfte angewandt, die aus dem Produkt resultieren, das direkt mit allen zu Grunde liegenden geistigen Eigentumswerten verknüpft war. Diese Vorgehensweise würde mit dem Nexus-Ansatz in Fällen in Einklang stehen, in denen mehrere Gegenstände geistigen Eigentums in ein Produkt einfließen, allerdings müssen die Staaten gewährleisten, dass bei einem solchen produktorientierten Ansatz eine genaue Rückverfolgung aller qualifizierten Ausgaben und Gesamtausgaben auf Ebene des betreffenden Produkts verlangt wird und dass die Vergünstigungen nach einer gerechten und vernünftigen Frist auslaufen (z.B. der durchschnittlichen Lebenszeit aller Gegenstände geistigen Eigentums).

56. Der produktorientierte Ansatz trägt der Tatsache Rechnung, dass FuE-Aktivitäten häufig nicht entsprechend der einzelnen Gegenstände geistigen Eigentums strukturiert sind und dass es dann mit dem Nexus-Ansatz im Einklang stehen kann, eine Rückverfolgung unter Bezugnahme auf die Produkte vorzunehmen. Dies liegt daran, dass FuE-Programme und -Projekte im Allgemeinen auf die Beantwortung von Forschungsfragen oder die Lösung technischer Probleme ausgerichtet sind und dass erst in einem späteren Stadium erörtert

wird, wie der rechtliche Schutz der Ergebnisse dieser Projekte gewährleistet werden kann. Häufig fließen die Ergebnisse dieser Projekte in mehrere Gegenstände geistigen Eigentums ein. Ist dies der Fall, hätte eine Pflicht zur Zuordnung der FuE-Ausgaben zu verschiedenen geistigen Eigentumswerten zur Folge, dass die Steuerpflichtigen eine willkürliche Aufteilung von Forschungsprojekten nach Kriterien vornehmen müssten, die zum Zeitpunkt der Durchführung der Projekte nicht gegeben waren.

57. Bei Anwendung des produktorientierten Ansatzes sollten die Staaten eine zweckdienliche Produktdefinition verwenden, nach der die Auslegung des Produkts, für das die Steuerpflichtigen eine Rückverfolgung vornehmen müssen, weder so weit gefasst sein kann, dass sie alle IP-Einkünfte oder -Ausgaben umfassen würde, die bei einem Steuerpflichtigen im Rahmen einer komplexen, auf geistigem Eigentum beruhenden Geschäftstätigkeit mit mehreren Produkten und FuE-Projekten angefallen sind, noch so eng gefasst sein kann, dass von den Steuerpflichtigen verlangt wird, dass sie eine Rückverfolgung zu einer Kategorie vornehmen, die in keinem Zusammenhang zur Innovations- oder Geschäftspraxis steht. Für ein Unternehmen, das verschiedene Bauteile eines bestimmten Typs von Produkt herstellt, das es dann verkauft, z.B. einen Lastwagen, wäre eine Produktdefinition, die eine Rückverfolgung in Bezug auf diesen Lastwagen gestattet und es dem Steuerpflichtigen ermöglicht, seine gesamten FuE-Ausgaben und IP-Einkünfte diesem einen Endprodukt zuzuordnen, zu weit gefasst, da zwischen der FuE und den entsprechenden Gegenständen geistigen Eigentums, die den verschiedenen zur Wertschöpfung beitragenden Komponenten zu Grunde liegen, keine ausreichenden Überschneidungen bestehen. Für ein Unternehmen, das beispielsweise Scharniere herstellt, die in Hunderten von Branchen eingesetzt werden, wäre hingegen eine Produktdefinition, die von dem Steuerpflichtigen verlangen würde, eine Rückverfolgung in Bezug auf die spezifische Art von Scharnier vorzunehmen, die für einen bestimmten Typ von Lastwagen entwickelt wurde, zu eng gefasst, da sie von dem Steuerzahler verlangen würde, die Rückverfolgung bis zu einem Detailgrad vorzunehmen, der nicht mit der tatsächlichen Innovation in Zusammenhang steht. Im ersteren Fall (ganzer Lkw) wäre es für den Steuerpflichtigen sinnvoller, eine Rückverfolgung in Bezug auf die Bauteile vorzunehmen. Im zweiten Fall (Scharniere) wäre es für den Steuerpflichtigen sinnvoller, ein Tracking zu den Gruppen von Scharnieren vorzunehmen, denen der gleiche geistige Eigentumswert zu Grunde liegt, als zu den Produkten, in denen sie eingesetzt werden. Das bedeutet auch, dass es nicht sinnvoll wäre, eine Rückverfolgung in Bezug auf einzelne Produkte vorzunehmen, wenn sich diese nur geringfügig unterscheiden, aber das gleiche geistige Eigentum enthalten (z.B. Arzneimittel, die in verschiedenen Farben, Dosierungen oder Größen hergestellt werden). Die Produktdefinition kann daher Produktfamilien wie Bauteile für Drucker- oder Computerhersteller, Aktivstoffe für die Chemieindustrie sowie Therapiebereiche bzw. enger gefasste Krankheitskategorien für die Pharmaindustrie umfassen[20]. Bei der Anwendung des produktorientierten Ansatzes sollten die Staaten verhindern, dass die Steuerpflichtigen eine Rückverfolgung in Bezug auf eine Gruppe von Produkten vornehmen, die so breit gefasst ist, dass sie alle Ausgaben und Einkünfte eines Rechtsträgers umfassen würde; allerdings können die Steuerpflichtigen eine Rückverfolgung in Bezug auf Produkte (einschließlich Produktfamilien) vornehmen, wenn die entsprechenden Gruppen alle Gegenstände geistigen Eigentums umfassen, die aus überlappenden Ausgaben resultierten und zu überlappenden Einkünften beitrugen.

58. Ein Steuerpflichtiger, der den produktbezogenen Ansatz anwendet, muss eine Dokumentation liefern, mit der er nachweist, dass er eine derart komplexe IP-bezogene Aktivität ausgeübt hat, dass eine Rückverfolgung zu einzelnen Gegenständen geistigen Eigentums unrealistisch wäre und auf willkürlichen Entscheidungen basieren würde. Um Manipulationen vorzubeugen, sollte ein Steuerpflichtiger, der ein Tracking zu den

Produkten (bzw. Produktfamilien) vornimmt, in der Lage sein, der Steuerbehörde gegenüber die Angemessenheit dieses Ansatzes unter Bezugnahme auf objektive und überprüfbare Informationen zu rechtfertigen – wie z.B. die Gemeinsamkeiten der naturwissenschaftlichen, technologischen oder ingenieurwissenschaftlichen Herausforderungen, die den FuE-Aufwendungen und -Einkünften zu Grunde liegen –, die Übereinstimmung des Ansatzes mit der Organisation der FuE-Tätigkeiten innerhalb des Konzerns nachweisen und den Ansatz zudem im Zeitverlauf konsistent anwenden.

59. Im Folgenden sind einige Beispiele für eine Rückverfolgung in Bezug auf die Gegenstände geistigen Eigentums oder die aus ihnen hervorgegangenen Produkten dargestellt: In allen Beispielen wird davon ausgegangen, dass die Steuerpflichtigen in Staaten mit IP-Regelungen ansässig sind, die dem Nexus-Ansatz entsprechen.

- Beispiel A: Unternehmen A stellt Plastikdeckel für Thermobecher her. Unternehmen A hat zwei Patente, eines davon für Plastikdeckel für Thermokaffeebecher, das andere für Deckel für Thermoteebecher. Die FuE, aus der die beiden Patente hervorgegangen sind, wurde von verschiedenen Projektteams durchgeführt, die sich aus Mitarbeitern von Unternehmen A zusammensetzten. Unternehmen A ist somit ein Beispiel für ein Unternehmen, das eine Rückverfolgung zu den Gegenständen geistigen Eigentums vornehmen müsste. Wenn es dies nicht bereits getan hat, müsste es ein System einrichten, mit dem die Einkünfte aus Kaffeebechern und Teebechern separat zurückverfolgt würden.
- Beispiel B: Unternehmen B produziert eine Vielzahl verschiedener Arten von Drucker, die in verschiedene Produktfamilien aufgeteilt und dieser Aufteilung entsprechend gemanagt werden: Großdrucker bzw. Multifunktionsdrucker für den Bürogebrauch, Kleindrucker für den privaten Gebrauch und Fotodrucker für digitale Fotos in professioneller Qualität. Jede Produktfamilie umfasst verschiedene Produkttypen. Unternehmen B betreibt FuE, um die Drucker zu entwickeln, und aus dieser FuE sind 250 Patente hervorgegangen. 100 Patente beziehen sich auf alle drei Produktfamilien, 50 nur auf die Groß- bzw. Multifunktionsdrucker, 50 nur auf die Kleindrucker für den Privatgebrauch und weitere 50 nur auf die Fotodrucker. Die Mitarbeiter von Unternehmen B verbuchen ihre auf Forschungsaktivitäten entfallende Arbeitszeit entsprechend den Produktfamilien, an denen sie arbeiten, oder als allgemeine bzw. spekulative FuE. Unternehmen B ist somit ein Beispiel für einen Steuerpflichtigen, der eine Rückverfolgung in Bezug auf Produktfamilien vornehmen müsste. Wenn es dies nicht bereits getan hat, müsste es ein System einrichten, mit dem die Einkünfte aus den drei verschiedenen Produktfamilien separat zurückverfolgt würden. Die bei der Entwicklung der 100 allgemeinen Patente angefallenen Betriebsausgaben müssten auf die verschiedenen Produktfamilien aufgeteilt werden, während die Ausgaben, die nur einzelne Produktfamilien betreffen, nur den entsprechenden Produktfamilien zugeordnet würden. Es wäre nicht sinnvoll, eine Rückverfolgung zu den einzelnen Gegenständen geistigen Eigentums oder Produkttypen vorzunehmen, da die FuE von Unternehmen B für die verschiedenen Produktfamilien zusammen durchgeführt wird, weshalb eine Rückverfolgung in Bezug auf einzelne Produkte dazu führen könnte, dass einem Druckertyp zu hohe Aufwendungen und einem anderen zu niedrige zugeordnet würden.
- Beispiel C: Unternehmen C ist ein Pharmaunternehmen, das über Tausende von Patenten verfügt und Hunderte von Arzneimitteln herstellt. Jedes Patent trägt zu mehreren Arzneimitteln bei, und jedes Arzneimittel beruht auf mehreren Patenten. Unternehmen C managt und verbucht seine FuE, einschließlich der Arbeitszeit seiner

Mitarbeiter, aufgeteilt nach den vier Erkrankungen, gegen die seine Produkte eingesetzt werden. Die FuE, die für eine dieser Erkrankungen vorgenommen wird, überschneidet sich im Allgemeinen nicht mit der FuE, die für andere Krankheiten durchgeführt wird, und die Erkrankungen sind so verschieden, dass die für eine Erkrankung bestimmten Arzneimittel nicht zur Behandlung einer anderen eingesetzt werden. Die Ausgaben von Unternehmen C können nicht in Bezug auf einzelne Produkte zurückverfolgt werden (denn dazu müssten die FuE-Ausgaben auf verschiedene Arzneimittel aufgeteilt werden, was nur nach willkürlichen Kriterien geschehen könnte). Die Einkünfte von Unternehmen C können nicht zu einzelnen Patenten zurückverfolgt werden (denn dazu müssten die Einkünfte aus einem Arzneimittel auf verschiedene Patente aufgeteilt werden, was eine willkürliche Zuordnung voraussetzen würde). Unternehmen C müsste folglich eine Rückverfolgung in Bezug auf die Krankheiten vornehmen, die mit seinen Produkten behandelt werden sollen. Wenn es dies nicht bereits getan hat, müsste es ein System einrichten, mit dem die IP-Einkünfte aus den Arzneimitteln zur Behandlung der vier verschiedenen Erkrankungen separat zurückverfolgt würden.

60. Der Nexus-Ansatz wurde im Hinblick auf die Anwendung eines kumulativen Quotienten für die qualifizierten Ausgaben im Verhältnis zu den Gesamtausgaben konzipiert. Als Übergangsmaßnahme könnten die Staaten den Steuerpflichtigen aber auch gestatten, einen Quotienten anzuwenden, bei dem die qualifizierten Ausgaben und die Gesamtausgaben auf der Grundlage eines gleitenden Drei- bis Fünfjahresdurchschnitts berechnet würden. Anschließend müssten die Steuerpflichtigen dann von dem Drei- bis Fünfjahresdurchschnitt zu einem kumulativen Quotienten übergehen. Ein Beispiel dafür, wie dies vonstattengehen könnte, enthält Anhang A. Staaten, die sich für die Einführung einer Übergangsmaßnahme entscheiden, müssen Missbrauchsbekämpfungsmaßnahmen vorsehen, um die Steuerpflichtigen daran zu hindern, Manipulationen vorzunehmen. Solche Maßnahmen sollten gewährleisten, *i)* dass Steuerpflichtige, die zuvor in den Genuss einer Bestandsschutzregelung gekommen waren, in einer neuen Regelung keine Übergangsmaßnahme in Anspruch nehmen können, und *ii)* dass Anschaffungskosten und Zahlungen für Auftragsforschung an nahestehende Dritte sowohl in dem übergangsweise angewandten Quotienten als auch im kumulativen Verhältniswert erfasst werden.

61. Der Nexus-Ansatz schreibt vor, dass die Staaten mehrere Dokumentationsanforderungen stellen. Die Staaten können eigene Leitlinien zu diesen Dokumentationspflichten erstellen, allerdings müssen sie als Mindestanforderung von allen Steuerpflichtigen, die die fragliche IP-Regelung in Anspruch nehmen, folgende Arten von Dokumentation verlangen:

- Wenn der Steuerpflichtige keine direkte Rückverfolgung zu dem betreffenden Gegenstand geistigen Eigentums vornimmt, sondern stattdessen eine produktbezogene Rückverfolgung durchführt, muss er Aufzeichnungen vorlegen, die die Komplexität seines IP-Geschäftsmodells belegen und eine Begründung für die Verwendung des produktbezogenen Ansatzes liefern.
- Der Steuerpflichtige muss zeigen, dass er über einen qualifizierten Gegenstand geistigen Eigentums verfügte (entweder weil die Einkünfte und Ausgaben zu diesem geistigen Eigentumswert zurückverfolgt werden oder weil das betreffende Produkt unter Verwendung dieses Gegenstands geistigen Eigentums erzeugt wurde).
- Bei der Berechnung der Nettoeinkünfte aus geistigem Eigentum müssen die Steuerpflichtigen den Betrag der IP-Einkünfte um etwaige Betriebsausgabenabzüge oder sonstige Steuerermäßigungen verringern, die sich aus demselben Gegenstand geistigen Eigentums oder Produkt ergeben haben. Die Steuerpflichtigen müssen daher eine Dokumentation zu allen einschlägigen Betriebsausgabenabzügen und

sonstigen Steuerermäßigungen vorlegen und gegebenenfalls aufzeigen, warum diese Vergünstigungen nicht angewandt wurden, um den Betrag der IP-Einkünfte zu verringern, für die eine IP-Regelung geltend gemacht wird.

- Steuerpflichtige, bei denen Ausgaben für allgemeine oder spekulative FuE anfallen, müssen entweder einen Zusammenhang zwischen diesen Ausgaben und dem Gegenstand geistigen Eigentums oder Produkt nachweisen oder erläutern, wie diese Ausgaben anteilsmäßig auf verschiedene Gegenstände geistigen Eigentums oder Produkte aufgeteilt wurden.
- Der Steuerpflichtige muss zeigen, dass sowohl die qualifizierten Ausgaben als auch die Gesamtausgaben unter Bezugnahme auf den gleichen Gegenstand geistigen Eigentums oder das gleiche Produkt zurückverfolgt wurden wie die Einkünfte, und er muss Aufzeichnungen hierzu vorlegen, die belegen, dass die Aufwendungen und Einkünfte miteinander verknüpft sind.
- Wenn der Steuerpflichtige einen Gegenstand geistigen Eigentums von einem nahestehenden Dritten erworben hat, muss er eine Dokumentation erstellen, mit der nachgewiesen wird, dass dabei ein fremdüblicher Preis gezahlt wurde. Dies sollte Aufzeichnungen zu den Gesamtausgaben umfassen, die bei dem nahestehenden Dritten angefallen sind.

I. Bestandsschutz und Sicherheitsmechanismen

62. Im Einklang mit den bisherigen Arbeiten im Bereich der schädlichen Steuerpraktiken kam das FHTP im Sachstandsbericht von 2014 überein, weitere Leitlinien zum Bestandsschutz zu erarbeiten, die insbesondere auf Ziffer 12 des Berichts von 2004 (OECD, 2004b) aufbauen sollten, wo es heißt, dass der Ausschuss beschlossen hat, dass „eine Regelung, die abgeschafft wird, ... als abgeschafft (gilt), wenn (1) keine neuen Teilnehmer diese Regelung in Anspruch nehmen dürfen, (2) ein endgültiges Datum für die vollständige Abschaffung der Regelung angekündigt wurde und (3) die Regelung transparent ist und ein effektiver Informationsaustausch gesichert ist“. Die Staaten sind übereingekommen, von der Einführung neuer Maßnahmen, die mit dem Nexus-Ansatz nicht in Einklang stehen, sowie von einer Ausdehnung des Anwendungsbereichs bzw. Stärkung bestehender Maßnahmen, die dem Nexus-Ansatz nicht entsprechen, abzusehen.

63. Nach dem 30. Juni 2016 sind keine Neuzugänge zu bestehenden IP-Regelungen, die nicht mit dem Nexus-Ansatz in Einklang stehen, mehr zulässig. Wenn eine neue, dem Nexus-Ansatz entsprechende Regelung vor dem 30. Juni 2016 in Kraft tritt, sind nach Inkrafttreten dieser neuen Regelung keine Neuzugänge zur bestehenden IP-Regelung mehr zulässig. Das FHTP anerkannte zwar, dass die Länder Zeit für Gesetzgebungsverfahren benötigen, kam aber überein, dass alle erforderlichen Gesetzgebungsverfahren, um eine Regelung mit dem Nexus-Ansatz in Einklang zu bringen, 2015 beginnen müssen.

64. Für die Zwecke des Bestandsschutzes gelten als „Neuzugänge“ sowohl neue Steuerpflichtige, die die Regelung zuvor nicht genutzt haben, als auch neue geistige Eigentumswerte, die sich im Besitz von Steuerpflichtigen befinden, die die Regelung bereits in Anspruch nehmen. Es versteht sich von selbst, dass es sich bei den Steuerpflichtigen, die Regelungen mit Bestandsschutz nutzen können, nur um solche handeln kann, die alle wesentlichen Bedingungen der betreffenden Regelung erfüllen und von der Steuerverwaltung offiziell zugelassen wurden, falls dies zum betreffenden Zeitpunkt erforderlich war. Folglich zählen zu ihnen keine Steuerpflichtigen, die die Anwendung der Regelung nur beantragt haben. Steuerpflichtige, die von der Steuerverwaltung zugelassen wurden, deren geistige

Eigentumswerte aber noch keine amtliche Genehmigung erhalten haben, können indessen Bestandsschutz geltend machen, falls sie im Staat der IP-Regelung Schutz für das geistige Eigentum beantragt haben, aber auf Grund der Dauer des Genehmigungsverfahrens in diesem Staat noch keine offizielle Genehmigung erhalten haben.

65. Den Staaten ist es auch gestattet, Bestandsschutzregeln einzuführen, die es allen Steuerpflichtigen, die von einer bestehenden Regelung profitieren, ermöglichen, diesen Anspruch bis zu einem bestimmten zweiten Datum geltend zu machen („Abschaffungstermin"). Der Zeitraum zwischen den beiden Daten sollte 5 Jahre nicht überschreiten (der spätmöglichste Abschaffungstermin wäre somit der 30. Juni 2021). Nach diesem Datum können Steuerpflichtigen keine Vergünstigungen aus der alten Regelung mehr gewährt werden.

66. Um das Risiko zu verringern, dass Neuzugänge versuchen, bestehende Regelungen für sich geltend zu machen, um vom Bestandsschutz zu profitieren, sollten die Staaten folgende Sicherheitsmechanismen umsetzen:

- Größere Transparenz für Neuzugänge zu der betreffenden Regelung nach dem 6. Februar 2015, indem ein spontaner Informationsaustausch über die Identität von Neuzugängen verlangt wird, die von einer Regelung mit Bestandsschutz profitieren, unabhängig davon, ob eine Vorabzusage erteilt wurde, und zwar spätestens *i)* drei Monate nach dem Datum, an dem die Information der zuständigen Behörde des Staats vorliegt, der Vergünstigungen im Rahmen der IP-Regelung gewährt (wobei die Staaten geeignete Systeme einrichten sollten, um sicherzustellen, dass die Information der zuständigen Behörde unverzüglich übermittelt wird) oder *ii)* ein Jahr nachdem die Steuererklärung in dem Staat eingereicht wurde, der Vergünstigungen im Rahmen der IP-Regelung gewährt, je nachdem welcher dieser beiden Termine früher ist.
- Maßnahmen, durch die Gegenstände geistigen Eigentums nach dem 31. Dezember 2016 von Regelungen mit Bestandsschutz profitieren würden, die dem Nexus-Ansatz nicht entsprechen, sofern die betreffenden geistigen Eigentumswerte nicht direkt oder indirekt bei nahestehenden Dritten nach dem 1. Januar 2016 erworben wurden und sie zum Zeitpunkt des Kaufs keinen Anspruch auf Vergünstigungen nach einer bestehenden einnahmenorientierten („back end") IP-Regelung begründen. Solche Maßnahmen hindern Steuerpflichtige, die sonst nicht von einer Regelung mit Bestandsschutz profitieren könnten, daran, Anschaffungen bei nahestehenden Dritten zu nutzen, um Gegenstände geistigen Eigentums in bestehende Regelungen zu verlagern, um vom Bestandsschutz zu profitieren. Zugleich gestatten sie Steuerpflichtigen, die Gegenstände geistigen Eigentums bei nahestehenden Dritten zu erwerben, vom Bestandsschutz zu profitieren, falls diese Anschaffung im Rahmen einer inländischen oder internationalen Umstrukturierung der Geschäftstätigkeit erfolgt, die dazu dient, geistige Eigentumswerte in Regelungen zu verlagern, die modifiziert werden, um dem Nexus-Ansatz gerecht zu werden.

J. Widerlegbare Vermutung

67. Die Staaten könnten den Nexus-Wert als widerlegbare Vermutung behandeln[21]. Sofern keine weiteren Informationen des Steuerpflichtigen vorliegen, würde der Staat die steuerbegünstigten Einkünfte dann auf der Grundlage des Nexus-Werts bestimmen. Allerdings hätten die Steuerpflichtigen unter außergewöhnlichen Umständen, wenn sie erhebliche qualifizierte FuE-Aktivitäten durchgeführt haben, um einen qualifizierten Gegenstand geistigen Eigentums oder ein entsprechendes Produkt zu entwickeln, und begründen können, dass die Anwendung des Nexus-Quotienten zu einem Ergebnis führt, bei dem die Höhe der Einkünfte, für die eine präferenzielle IP-Regelung geltend gemacht werden kann,

dem Umfang ihrer FuE-Tätigkeit nicht gerecht wird, die Möglichkeit, nachzuweisen, dass ein höherer Einkünftebetrag von der IP-Regelung profitieren sollte. Zu solchen außergewöhnlichen Umständen könnten beispielsweise eine vollständige oder partielle Abschreibung erworbener Gegenstände geistigen Eigentums im Jahresabschluss des Steuerpflichtigen oder sonstige außergewöhnliche Fälle gehören, in denen der Steuerpflichtige nachweisen kann, dass er umfangreicheren Wertschöpfungstätigkeiten nachgegangen ist, als aus der Nexus-Berechnung hervorgeht. Wenn ein Staat beschließt, den Nexus-Wert als widerlegbare Vermutung zu behandeln, müssen jegliche Anpassungen des Nexus-Werts zu Ergebnissen führen, die entsprechend dem Grundprinzip des Nexus-Ansatzes dem Umfang der FuE-Aktivität des Steuerpflichtigen angemessen sind. Eine Anwendung der widerlegbaren Vermutung muss jährlich überprüft werden, um festzustellen, ob die außergewöhnlichen Umstände nach wie vor gegeben sind. Eine solche Überprüfung kann im Wege einer steuerlichen Vorabzusage mit jährlichen Prüfungen oder auf andere Weise gewährleistet werden. In jedem Fall muss eine Steuerverwaltung über eine zeitnahe Dokumentation verfügen, aus der hervorgeht, dass der Steuerpflichtige die nachstehend unter Ziffer 68 dargelegten Bedingungen sowie andere nach innerstaatlichem Recht möglicherweise geltende Anforderungen erfüllt hat.

68. Ein Staat, der sich entscheidet, den Nexus-Wert als widerlegbare Vermutung zu behandeln, müsste die Fälle, in denen der Wert widerlegt werden könnte, auf solche Situationen beschränken, die mindestens den folgenden Anforderungen gerecht werden:

- Der Steuerpflichtige verwendet den Nexus-Wert zunächst, um die mutmaßliche Höhe der Einkünfte zu bestimmen, für die Steuervergünstigungen geltend gemacht werden könnten.
- Der vorstehend dargelegte Nexus-Wert (ohne Aufschlag) entspricht oder übersteigt 25%.
- Der Steuerpflichtige weist nach, dass die Anwendung des Nexus-Werts auf Grund außergewöhnlicher Umstände zu einem Ergebnis führen würde, das nicht mit dem Prinzip des Nexus-Ansatzes im Einklang stünde. Der Steuerpflichtige erläutert und belegt die außergewöhnlichen Umstände.

69. In diesem Rahmen würden die Staaten die Ausgestaltung der widerlegbaren Vermutung festlegen, die sie umsetzen möchten; allerdings erfordert diese Variante des Nexus-Ansatzes einen größeren Aufzeichnungsaufwand auf Seiten der Steuerpflichtigen, und die Steuerverwaltungen müssten Überwachungsverfahren einrichten und das FHTP über die Umstände unterrichten, unter denen sie gestatten, dass der Nexus-Wert als widerlegbare Vermutung behandelt wird. Die Staaten müssten außerdem Bericht erstatten über die gesetzlichen und administrativen Bedingungen, unter denen den Steuerpflichtigen gestattet wird, den Nexus-Wert zu widerlegen, sowie einmal jährlich über die Gesamtzahl der Unternehmen, die von der IP-Regelung profitieren, die Zahl solcher Fälle, in denen von der widerlegbaren Vermutung Gebrauch gemacht wird, die Zahl der Fälle, in denen der Staat spontan Informationen übermittelt hat, den Gesamtbetrag der Einkünfte, auf die Vergünstigungen im Rahmen der IP-Regelung geltend gemacht werden (aufgegliedert in Einkünfte, auf die der Nexus-Wert, und Einkünfte, auf die die widerlegbare Vermutung angewandt wird), ergänzt um eine Liste der außergewöhnlichen Umstände, wegen denen den Steuerpflichtigen jeweils gestattet wurde, den Nexus-Wert zu widerlegen, und die allgemein und ohne Offenlegung der Identität des Steuerpflichtigen zu beschreiben sind. Damit wäre es dem FHTP möglich zu überwachen, dass die Staaten es den Steuerpflichtigen nur in außergewöhnlichen Umständen gestatten, den Nexus-Wert zu widerlegen. Unabhängig davon, ob die Steuerpflichtigen den Nexus-Wert im Kontext einer steuerlichen Vorabzusage widerlegen, müssten die Staaten auf der Grundlage von Instrumenten für

den Informationsaustausch auch die zeitnahe Dokumentation weiterleiten, die ihnen vom betreffenden Steuerpflichtigen unterbreitet wurde, um die vorstehenden Bedingungen für die Widerlegung des Nexus-Werts zu erfüllen. Im Kontext steuerlicher Vorabzusagen würden die Staaten dazu den in Kapitel 5 dargelegten Rahmen verwenden. Andernfalls würde der Rahmen von Kapitel 5 angewandt, um die Staaten zu bestimmen, mit denen ein spontaner Austausch der betreffenden Informationen zu erfolgen hat. Ein Staat kann entweder die zeitnahe Dokumentation weiterleiten, die ihm vorgelegt wurde, oder das Musterformular in Anhang C verwenden und die zu übermittelnden Informationen im Antwortfeld 7 zusammenfassen[22].

III. Das Erfordernis der wesentlichen Geschäftstätigkeit im Kontext von Regelungen, die sich nicht auf geistiges Eigentum beziehen

70. Nach Aktionspunkt 5 muss eine wesentliche Geschäftstätigkeit nicht nur bei IP-Regelungen, sondern bei allen präferenziellen Regelungen vorliegen. Das FHTP hat daher die Anwendung des Erfordernisses der wesentlichen Geschäftstätigkeit auf andere präferenzielle Regelungen untersucht, die vom FHTP seit Erscheinen des Berichts von 1998 identifiziert und geprüft wurden. Eine genauere Untersuchung der Frage, wie dieses Erfordernis auf konkrete Regelungen anzuwenden wäre, müsste im Kontext der jeweils betrachteten Kategorie von Regelung erfolgen. In der nachstehenden Erörterung wird das Prinzip erläutert, das im Kontext von Regelungen gilt, die sich nicht auf geistiges Eigentum beziehen[23].

71. Da IP-Regelungen dazu bestimmt sind, FuE-Aktivitäten zu fördern und Wachstum sowie Beschäftigung zu steigern, liegt dem Erfordernis der wesentlichen Geschäftstätigkeit im Kontext von IP-Regelungen das Prinzip zu Grunde, nur Steuerpflichtigen, die solche Aktivitäten tatsächlich durchgeführt und effektive Ausgaben für diese Aktivitäten getätigt haben, die Nutzung solcher Regelungen zu gestatten. Im Kontext anderer präferenzieller Regelungen kann das gleiche Prinzip ebenfalls angewandt werden, so dass solche Regelungen das Erfordernis der wesentlichen Geschäftstätigkeit nur erfüllen können, wenn auch sie Vergünstigungen qualifizierten Steuerpflichtigen[24] nur gewähren, soweit diese die entscheidenden einkünftegenerierenden Aktivitäten durchgeführt haben, die zur Erzielung der unter die präferenzielle Regelung fallenden Art von Unternehmenseinkünften notwendig sind.

72. Auf IP-Regelungen bezogen stellt das Erfordernis der wesentlichen Geschäftstätigkeit einen Zusammenhang zwischen Ausgaben, geistigen Eigentumswerten und IP-Einkünften her. Die Ausgaben sind eine Hilfsvariable für die Tätigkeiten, und die geistigen Eigentumswerte dienen dazu sicherzustellen, dass die steuerbegünstigten Einkünfte tatsächlich auf die vom qualifizierten Steuerpflichtigen getätigten Ausgaben zurückgehen. Der Effekt dieses Ansatzes ist somit, Einkünfte und Aktivitäten miteinander zu verknüpfen. Auf andere Regelungen angewandt, sollte das Erfordernis der wesentlichen Geschäftstätigkeit ebenfalls einen Zusammenhang zwischen den Einkünften, bei denen Anspruch auf Vergünstigungen besteht, und den entscheidenden Aktivitäten herstellen, die zur Erzielung dieser Einkünfte nötig sind. Wie im Bericht von 1998 dargelegt, handelt es sich bei den entscheidenden Tätigkeiten, um die es bei nicht auf geistiges Eigentum bezogenen Regelungen geht, um geografisch mobile Tätigkeiten wie Finanz- und sonstige Dienstleistungen[25]. Solche Tätigkeiten erfordern nicht notwendigerweise etwas, das sie mit den Einkünften verknüpft, da Dienstleistungsaktivitäten als direkt zu den Einkünften beitragend betrachtet werden können, für die die Vergünstigungen gewährt werden.

73. Die Bestimmung dessen, was die entscheidenden Aktivitäten sind, die zur Erzielung der Einkünfte notwendig sind, hängt von der Art der Regelung ab. Selbst wenn Regelungen

auf eine gleiche Art von Einkünften abzielen, können erhebliche Unterschiede bei der Anwendung dieser Regelungen in verschiedenen Staaten bestehen, weshalb eine genauere Untersuchung der entscheidenden Aktivitäten zu dem Zeitpunkt und in dem Kontext der konkret betrachteten Regelung erfolgen muss. Dennoch wird nachstehend eine kurze Beschreibung der Art der Aktivitäten gegeben, die für die verschiedenen Arten von präferenziellen Regelungen verlangt werden könnten.

A. Regelungen für Unternehmenszentralen

74. Regelungen für Unternehmenszentralen bzw. Gesellschaftssitze sehen eine steuerliche Vorzugsbehandlung für Steuerpflichtige vor, die bestimmte Leistungen erbringen, wie z.B. Verwaltung, Koordination oder Kontrolle der Geschäftstätigkeit für einen Konzern als Ganzes oder für die in einem bestimmten geografischen Gebiet angesiedelten Konzernunternehmen. Solche Regelungen können Bedenken wegen eines möglichen Ring-fencings aufwerfen oder weil sie eine künstliche Definition der Steuerbemessungsgrundlage ermöglichen, wenn die Gewinne eines Rechtsträgers auf der Grundlage einer Kostenaufschlagsmethode bestimmt werden, bestimmte Kosten dabei aber ausgeklammert werden oder bestimmte Umstände unberücksichtigt bleiben. Diesen Merkmalen könnte zwar mit den bestehenden Kriterien begegnet werden, allerdings könnten solche Regelungen auch Fragen in Bezug auf die Substanz aufwerfen.

75. Zu den entscheidenden einkünftegenerierenden Aktivitäten eines Gesellschaftssitzes könnten die wesentlichen Tätigkeiten gehören, die zu dem bestimmten Typ von Dienstleistungseinkünften führen, die dieses Unternehmen bezieht. Sie könnten beispielsweise das Treffen einschlägiger Managemententscheidungen, die Tätigung von Ausgaben für Konzernunternehmen und die Koordinierung von Konzernaktivitäten umfassen.

B. Regelungen für Vertriebs- und Dienstleistungszentren

76. Regelungen für Vertriebszentren sehen eine steuerliche Vorzugsbehandlung für Rechtsträger vor, deren hauptsächliche oder ausschließliche Tätigkeit darin besteht, Roh-, Hilfs- und Betriebsstoffe sowie Endprodukte bei anderen Konzernunternehmen einzukaufen und sie gegen eine geringe Gewinnmarge weiterzuverkaufen. Regelungen für Dienstleistungszentren sehen eine steuerliche Vorzugsbehandlung für Rechtsträger vor, deren hauptsächliche oder ausschließliche Tätigkeit darin besteht, Dienstleistungen für andere Unternehmen desselben Konzerns zu erbringen. Ein Problem bei solchen Regelungen ist, dass sie Ring-fencing-Merkmale aufweisen können. Zudem kann bei ihnen Anlass zur Sorge bestehen, dass sie eine künstliche Definition der Steuerbemessungsgrundlage gestatten. Diesen Bedenken kann zwar mit den bestehenden Kriterien begegnet werden, Fragen in Bezug auf die Substanz könnten dabei jedoch bestehen bleiben.

77. Zu den entscheidenden einkünftegenerierenden Aktivitäten eines Vertriebs- oder Dienstleistungszentrums können Tätigkeiten wie Transport oder Lagerung von Waren, Verwaltung von Lagerbeständen und Auftragseingängen sowie Beratungs- oder sonstige administrative Leistungen gehören.

C. Regelungen für Finanzierungs- und Leasingaktivitäten

78. Finanzierungs- und Leasingregelungen sind Regelungen, die eine steuerliche Vorzugsbehandlung für Finanzierungs- und Leasingaktivitäten vorsehen. Die Hauptprobleme bei diesen Regelungen sind u.a. Fragen des Ring-fencing sowie einer künstlichen Definition der Steuerbemessungsgrundlage. Auch diesen Bedenken könnte mit den bestehenden Kriterien begegnet werden.

79. Zu den entscheidenden einkünftegenerierenden Aktivitäten einer Finanzierungs- oder Leasinggesellschaft könnten die Vereinbarung von Finanzierungsbedingungen, die Identifizierung und Anschaffung von zu leasenden Wirtschaftsgütern (im Fall des Leasing), die Festlegung der Bedingungen und der Laufzeit von Finanzierungs- oder Leasingverträgen, die Überwachung oder Überprüfung solcher Vereinbarungen sowie das Risikomanagement gehören.

D. Regelungen für das Fondsmanagement

80. Regelungen für das Fondsmanagement sehen eine steuerliche Vorzugsbehandlung für Einkünfte vor, die von Fondsmanagern[26] für die Verwaltung von Vermögen bezogen werden. Als Gegenleistung für seine Dienste erhält der Fondsmanager eine Vergütung, die sich nach einer im Voraus festgelegten Formel berechnet. Das Augenmerk liegt nicht auf der Besteuerung der Einkünfte oder Gewinne des Fonds selbst oder der an einem Fonds beteiligten Anleger, sondern auf den Einkünften, die der Fondsmanager aus der Verwaltung des Fonds bezieht[27]. Die Vergütung des Fondsmanagers sowie Art und Ort der Besteuerung dieser Vergütung können Fragen der Transparenz aufwerfen, und diesen Fragen könnte z.T. mit dem verbindlichen spontanen Informationsaustausch über steuerliche Vorabzusagen begegnet werden.

81. Was die wesentliche Geschäftstätigkeit anbelangt, so könnten die zentralen einkünftegenerierenden Aktivitäten eines Fondsmanagers Entscheidungen über den Kauf und Verkauf von Anlagen, die Berechnung von Risiken und Rückstellungen, Entscheidungen bezüglich Währungs- und Zinsschwankungen und Hedging-Positionen sowie die Erstellung einschlägiger aufsichtsrechtlicher und sonstiger Berichte für die zuständigen staatlichen Stellen oder die Anleger umfassen.

E. Regelungen für das Bank- und Versicherungswesen

82. Regelungen für das Bank- und Versicherungswesen sehen eine steuerliche Vorzugsbehandlung für Bank- und Versicherungsgeschäfte vor. Das Hauptproblem hängt mit den Vergünstigungen zusammen, die sie für Einkünfte aus ausländischen Aktivitäten gewähren. Wenn die Vergünstigungen nur für ausländische Einkünfte gewährt werden, könnte diesem Problem mit dem bestehenden Ring-fencing-Kriterium begegnet werden. In Bezug auf die Substanz sollte das aufsichtsrechtliche Umfeld gegebenenfalls bereits gewährleisten, dass ein Unternehmen in der Lage ist, Risiken zu tragen und seiner Geschäftstätigkeit nachzugehen. Im Kontext des Versicherungswesens kann es auf Grund der Möglichkeit, dass Risiken rückversichert wurden, jedoch schwieriger sein, ohne Weiteres die Aktivitäten und Regelungen, die Probleme in Bezug auf die Substanz aufwerfen, von denen zu unterscheiden, die dies nicht tun.

83. Die entscheidenden einkünftegenerierenden Aktivitäten von Bankunternehmen sind von der Art der Bankgeschäfte abhängig, denen das betreffende Unternehmen nachgeht, sie könnten allerdings die Aufnahme von Mitteln, die Steuerung von Risiken einschließlich Kredit-, Währungs- und Zinsrisiken, die Einrichtung von Hedging-Positionen, die Gewährung von Darlehen bzw. Krediten oder die Erbringung sonstiger Finanzdienstleistungen für Kunden, die Verwaltung des aufsichtsrechtlichen Kapitals sowie die Erstellung von aufsichtsrechtlichen Berichten und Erklärungen umfassen. Die entscheidenden einkünftegenerierenden Aktivitäten von Versicherungsgesellschaften könnten die Prognose und Berechnung von Risiken, die Versicherung oder Rückversicherung von Risiken sowie den Kundendienst umfassen.

F. *Regelungen für die Schifffahrt*

84. Regelungen für die Schifffahrt sehen eine steuerliche Vorzugsbehandlung für Schifffahrtsaktivitäten vor, und bei ihrer Ausgestaltung spielen wichtige nichtsteuerliche Erwägungen eine Rolle. Zusätzlich zu bereits in den CAN (OECD, 2004b) erörterten Fragen des Ring-fencing und der Transparenz können solche Regelungen auch Bedenken bezüglich der Analyse der wesentlichen Geschäftstätigkeit aufwerfen, wenn sie eine Trennung der Einkünfte aus dem Schifffahrtsgeschäft von den entscheidenden Tätigkeiten gestatten, aus denen diese Einkünfte hervorgehen.

85. Die entscheidenden einkünftegenerierenden Aktivitäten von Schifffahrtsgesellschaften könnten das Management der Besatzung (einschließlich Einstellung, Bezahlung und Beaufsichtigung), den Transport und die Wartung von Schiffen, die Überwachung und Nachverfolgung von Ladungen, Entscheidungen über Warenbestellungen und -auslieferungen sowie die Organisation und Überwachung der Fahrten umfassen.

G. *Regelungen für Holdinggesellschaften*

86. Regelungen für Holdinggesellschaften können in zwei große Kategorien unterteilt werden: *i)* solche, die Vergünstigungen für Unternehmen vorsehen, die über eine Vielzahl von Vermögenswerten verfügen und verschiedene Arten von Einkünften beziehen (z.B. Zinsen, Mieteinnahmen und Lizenzgebühren), und *ii)* solche, die nur für Gesellschaften gelten, die Beteiligungen am Kapital anderer Unternehmen halten und nur Dividenden und Veräußerungserlöse beziehen. Im Kontext von *i)* sollte das Erfordernis der wesentlichen Geschäftstätigkeit, soweit die betreffenden Regelungen Vergünstigungen für Unternehmen vorsehen, die andere Einkünfte als Dividenden und Veräußerungserlöse beziehen, voraussetzen, dass die qualifizierten Steuerpflichtigen den entscheidenden Tätigkeiten nachgegangen sind, die an diese Arten von Einkünften geknüpft sind.

87. Regelungen für Holdinggesellschaften, die unter die Kategorie *ii)* fallen und nur für Dividenden und Veräußerungserlöse Vergünstigungen gewähren, werfen indessen insofern andere steuerpolitische Fragen auf als sonstige präferenzielle Regelungen, als sie in erster Linie auf die Entlastung von wirtschaftlicher Doppelbesteuerung ausgerichtet sind. Die entsprechenden Gesellschaften benötigen daher möglicherweise nicht viel Substanz, um ihrer Haupttätigkeit des Haltens und Verwaltens von Kapitalbeteiligungen nachzugehen. Solche Regelungen könnten jedoch steuerpolitische Bedenken aufwerfen, die nicht unmittelbar mit der Substanz zusammenhängen. Die Bedenken der Staaten in Bezug auf Regelungen für Holdinggesellschaften hängen häufig mit der Transparenz zusammen sowie ihrem Unvermögen, den wirtschaftlichen Eigentümer der Dividenden zu identifizieren. Damit zusammenhängende Bedenken sind, ob Holdinggesellschaften dem Zahlungsleister und Zahlungsempfänger gestatten, in Situationen, die normalerweise keinen Anspruch auf Vergünstigungen begründen würden, von Abkommensvergünstigungen zu profitieren, und ob die Regelungen für Holdinggesellschaften von der Binnenwirtschaft abgeschottet sind (Ring-fencing). Einigen dieser Bedenken wird möglicherweise bereits mit anderen Arbeiten oder im Rahmen anderer bestehender Kriterien begegnet. Beispielsweise:

- <u>Informationsaustausch</u>: Der internationale Standard für den Informationsaustausch auf Ersuchen bezieht sich nicht nur auf den Austausch von Informationen, sondern auch auf die Verfügbarkeit von Informationen, u.a. zu Eigentumsverhältnissen, Bankgeschäften und Konten. Die Arbeiten zur Überwachung dieses Standards werden vom Globalen Forum Transparenz und Informationsaustausch in Steuerangelegenheiten wahrgenommen. Das Globale Forum hat in seine neue Aufgabenbeschreibung die

Prinzipien des Standards der Arbeitsgruppe Finanzielle Maßnahmen (Financial Action Task Force – FATF) zu wirtschaftlichem Eigentum aufgenommen, so dass die Staaten entsprechend ihrer Fähigkeit beurteilt werden, Informationen zu den wirtschaftlichen Eigentumsverhältnissen vorzulegen, sofern dies relevant und Teil eines Ersuchens um Informationsaustausch ist.

- Aktionspunkt 6 – Verhinderung von Abkommensmissbrauch: Das Ergebnis dieses Aktionspunkts sind neue Musterbestimmungen für Doppelbesteuerungsabkommen und Empfehlungen für die Gestaltung innerstaatlicher Vorschriften zur Verhinderung der Gewährung von Abkommensvergünstigungen in unangemessenen Fällen. Die im Rahmen dieses Aktionspunkts angestrengten Arbeiten dürften den Bedenken über die Nutzung von Holdinggesellschaften zur Erlangung von Abkommensvergünstigungen begegnen.
- Aktionspunkt 2 – Neutralisierung der Effekte hybrider Gestaltungen: Das Ergebnis dieses Aktionspunkts sind neue Musterbestimmungen für Doppelbesteuerungsabkommen und Empfehlungen für die Gestaltung innerstaatlicher Vorschriften zur Neutralisierung des Effekts hybrider Instrumente und Rechtsträger. Die im Rahmen dieses Aktionspunkts unternommenen Arbeiten mündeten in die Empfehlung, eine Steuerbefreiung für Dividenden sowie andere Arten von Steuererleichterungen, die zur Entlastung von Doppelbesteuerung auf abzugsfähige Betriebsausgaben gewährt werden, zu versagen. Dies könnte ebenfalls einen Teil der Bedenken ausräumen, dass „Dividendeneinkünfte" unversteuert bleiben könnten.
- Ring-fencing: Wenn Staaten besorgt sind, dass Regelungen für Holdinggesellschaften, die Kapitalbeteiligungen halten, nur für Einkünfte ausländischer Unternehmen Vergünstigungen gewähren und dass diese Einkünfte nicht bereits andernorts besteuert werden oder dass die betreffende Regelung anderweitig auf ausländische Investoren abzielt, so wird dieser Sorge bereits mit dem bestehen Ring-fencing-Kriterium begegnet[28].
- Sonstige Arbeiten: Beispielsweise die im Rahmen von Punkt 3 des BEPS-Aktionsplans der OECD durchgeführten Arbeiten zur Stärkung von Regeln zur Hinzurechnungsbesteuerung (CFC-Vorschriften).

88. Wenn auf diese anderen steuerpolitischen Erwägungen eingegangen wurde, dürfte weniger Besorgnis bestehen, dass Regelungen für Holdinggesellschaften zur Gewinnverkürzung und Gewinnverlagerung genutzt werden. Soweit Regelungen für Holdinggesellschaften nur Vergünstigungen für Gesellschaften vorsehen, die Kapitalbeteiligungen halten, setzt das Erfordernis der wesentlichen Geschäftstätigkeit folglich mindestens voraus, dass Gesellschaften, die Vergünstigungen aus solchen Regelungen in Anspruch nehmen, alle im Gesellschaftsrecht vorgesehenen Aufbewahrungspflichten erfüllen und über die nötige Substanz verfügen, um Kapitalbeteiligungen halten und verwalten zu können (wozu sie beispielsweise nachweisen müssen, dass sie sowohl über das erforderliche Personal als auch die notwendigen Räumlichkeiten für diese Aktivitäten verfügen). Damit ist ausgeschlossen, dass Briefkastenfirmen o.Ä. Regelungen für Holdinggesellschaften in Anspruch nehmen können.

Anmerkungen

1. Vgl. S. 21 des BEPS-Aktionsplans. Vgl. auch Kapitel 1.
2. Wegen Einzelheiten zu dieser Einigung vgl. *Agreement on Modified Nexus Approach for IP Regimes* (OECD, 2015).
3. Beispielsweise entwickeln Unternehmen A, Unternehmen B und Unternehmen C im Jahr 1 gemeinsam den geistigen Eigentumswert D. Unternehmen A befindet sich in einem Staat, der über eine IP-Regelung verfügt. Unternehmen A steuert 30% der FuE und 3 000 der FuE-Finanzierung bei, Unternehmen B steuert 30% der FuE und 3 000 der FuE-Finanzierung bei, und Unternehmen C steuert 40% der FuE und 4 000 der FuE-Finanzierung bei. Mit dem geistigen Eigentumswert D werden im Jahr 2 IP-Einkünfte in Höhe von 100 000 erzielt, wovon 30 000 Unternehmen A zugerechnet werden. Wenn Unternehmen A keinen nahestehenden Dritten für Auftragsforschung bezahlt hat oder geistige Eigentumswerte eingekauft hat, würde auf diese 30 000 vor dem Aufschlag ein Nexus-Verhältnis von 3 000/3 000 (bzw. 100%) angewandt. Folglich könnte die IP-Regelung des Staats von Unternehmen A auf die gesamten 30 000 geltend gemacht werden.
4. Staaten mit IP-Regelungen sollten sicherstellen, dass ein und derselbe Gegenstand geistigen Eigentums nicht sowohl der Geschäftsleitung als auch der ausländischen Betriebsstätte zugeordnet wird (z.B. indem sie den autorisierten OECD-Ansatz – AOA – anwenden).
5. Rechtlicher Schutz in diesem Sinne umfasst Exklusivrechte zur Nutzung des geistigen Eigentumswerts, Rechtsmittel gegen Rechtsverletzungen, rechtliche Bestimmungen zum Schutz von Handelsgeheimnissen sowie vertrags- und strafrechtlichen Schutz vor Nutzung des betreffenden geistigen Eigentumswerts durch andere oder nicht autorisierter Weitergabe von Informationen im Zusammenhang mit diesem Eigentumswert.
6. Einige Staaten sehen zwar einen Patentschutz für Software vor, dies ist jedoch nicht in allen Staaten der Fall. Viele Steuerpflichtige, die Software herstellen, müssen diese somit urheberrechtlich schützen lassen, anstatt Patentschutz beantragen zu können. Die Aufnahme urheberrechtlich geschützter Software in die Definition der funktional gleichwertigen Gegenstände geistigen Eigentums gewährleistet auch, dass die unterschiedliche Behandlung von Software nach dem Patentrecht verschiedener Staaten keine Auswirkungen darauf hat, ob IP-Regelungen für Einkünfte aus Software in Anspruch genommen werden können.
7. Ob ein Steuerpflichtiger diese beiden Anforderungen erfüllt, sollte jährlich auf der Grundlage eines Fünfjahresdurchschnitts, der sich jedes Jahr ändert, bestimmt werden. Der Verweis auf einen globalen konzernweiten Umsatz von 50 Mio. Euro bedeutet nicht, dass diese Anforderung nur für Konzerne gilt. Eigenständige Unternehmen, die Vergünstigungen für die dritte Kategorie geistiger Eigentumswerte in Anspruch nehmen wollen, müssen diese beiden Bedingungen ebenfalls erfüllen.
8. Die Informationen zur Nutzung der dritten Kategorie von Gegenständen geistigen Eigentums wäre dann in das Antwortfeld 7 (Zusammenfassung) des Musters in Anhang C aufzunehmen.
9. IP-Regelungen, die nach dem Nexus-Ansatz geprüft werden müssen, umfassen Regelungen, die Vorteile für geistige Eigentumswerte gleich welcher Art gewähren. Im Fall von Regelungen, die Vergünstigungen für Gegenstände geistigen Eigentums gewähren, bei denen es sich nicht um qualifiziertes geistiges Eigentum im Sinne des Nexus-Ansatzes handelt, würde sich zeigen, dass sie dem Erfordernis der wesentlichen Geschäftstätigkeit nicht gerecht werden.
10. Die qualifizierten Ausgaben könnten somit direkt mit FuE-Einrichtungen zusammenhängende Lohn- und Gehaltszahlungen, Direktkosten, Gemeinkosten und Kosten für Lieferungen umfassen, solange diese Kosten auf Tätigkeiten zurückgehen, die durchgeführt wurden, um das Verständnis von wissenschaftlichen Zusammenhängen oder Technologien zu verbessern, bekannte wissenschaftliche oder technologische Hindernisse zu überwinden oder den Kenntnisstand anderweitig zu erweitern oder neue Anwendungen zu entwickeln.
11. Baukosten oder andere nicht einzeln abgrenzbare Investitionskosten würden nicht berücksichtigt, weil es unmöglich wäre, einen direkten Zusammenhang zwischen den Kosten eines ganzen Gebäudes und den verschiedenen in diesem Gebäude produzierten geistigen Eigentumswerten herzustellen.
12. Vgl. Abschnitt II.F und II.G dieses Kapitels wegen einer Erklärung, warum Ausgaben für von nahestehenden Dritten durchgeführte Auftragsforschung und Anschaffungskosten unter den Gesamtausgaben und nicht in den qualifizierten Ausgaben berücksichtigt sind.

13. Vgl. Abschnitt II.E dieses Kapitels.

14. Die IP-Ausgaben werden unter Anwendung der gewöhnlichen innerstaatlichen steuerrechtlichen Bestimmungen berechnet (d.h. es werden keine Sonderbestimmungen von IP-Regelungen herangezogen). Die Staaten können die Ausgaben, die IP-Einkünften zugeordnet werden können, begrenzen, um sicherzustellen, dass die Nutzung solcher Ausgaben mit dem innerstaatlichen Recht übereinstimmt. Die Staaten sollten etwaige steuerliche Verluste, die mit IP-Einkünften verbunden sind, in Übereinstimmung mit innerstaatlichem Recht verwenden und keine Aufrechnung dieser Verluste mit Einkünften, die zum regulären Satz besteuert werden, zulassen.

15. Eine solche Methode müsste sich auf Verrechnungspreisgrundsätze gemäß deren Aktualisierung im Bericht zu den Punkten 8-10 des BEPS-Aktionsplans stützen.

16. Staaten, die nicht Mitglied der Europäischen Union (EU) sind, könnten diese Einschränkung dahingehend ändern, dass alle qualifizierten Ausgaben für Tätigkeiten, die von fremden Dritten oder von gebietsansässigen nahestehenden Dritten durchgeführt wurden, in die Definition der qualifizierten Ausgaben aufgenommen würden.

17. Outsourcing bzw. Auftragsforschung ist etwas anderes als der Kauf von Komponenten bei einem Dritten, dem das geistige Eigentum an diesen Komponenten gehört, und so gilt dieser Hinweis auf die Wahrscheinlichkeit der Beauftragung fremder Dritter mit FuE nicht für die Wahrscheinlichkeit des Kaufs von Komponenten bei fremden Dritten.

18. Staaten mit IP-Regelungen müssen sicherstellen, dass es den Steuerpflichtigen nicht möglich ist, diese Behandlung der Anschaffungskosten zu umgehen, indem sie Rechtsträger erwerben, die Gegenstände geistigen Eigentums besitzen.

19. Staaten, die nicht Mitglied der EU sind, könnten diese Einschränkung dahingehend ändern, dass der Erwerb durch einen Steuerpflichtigen, der qualifizierte Ausgaben in dem Staat getätigt hat, der die IP-Regelung eingerichtet hat, es gestatten würde, diese Ausgaben unter den qualifizierten Ausgaben des erwerbenden Rechtsträgers zu berücksichtigen (wobei die Anschaffungskosten entweder in die Gesamtausgaben aufgenommen würden oder alle Gesamtausgaben des übertragenden Rechtsträgers in den Gesamtausgaben des erwerbenden Rechtsträgers erfasst würden, falls der übertragende Rechtsträger eine komplette Rückverfolgung vorgenommen hat, um zu gewährleisten, dass alle Gesamtausgaben erfasst sind).

20. Therapiebereiche beziehen sich jeweils auf bestimmte Kategorien von Krankheiten (z.B. Kardiologie, Onkologie oder Pneumologie). Bei enger gefassten Krankheitskategorien handelt es sich um Untergruppen solcher therapeutischen Bereiche, z.B. Brust- und Lungenkrebs anstatt Onkologie insgesamt.

    In bestimmten Branchen, die Dienstleistungen oder sonstige Leistungen erzeugen, die keine Produkte sind, könnten Produktfamilien funktionelle Entsprechungen enthalten, sofern diese Kategorien nur die geistigen Eigentumswerte umfassen, die aus überlappenden Ausgaben resultierten und zu überlappenden Einnahmeströmen beitrugen.

21. Steuerpflichtige in Staaten, die den Nexus-Wert als widerlegbare Vermutung behandeln, müssen zwischen dem Aufschlag und der widerlegbaren Vermutung wählen. Anders ausgedrückt können die Steuerpflichtigen nicht gleichzeitig den Nexus-Wert widerlegen und vom 30%igen Aufschlag profitieren. Die Steuerpflichtigen müssen entscheiden, ob sie den Aufschlag wählen oder den Nexus-Wert auf der Grundlage des geistigen Eigentumswerts, des Produkts oder der Produktfamilie widerlegen, und die Steuerpflichtigen dürfen bei dieser Entscheidung keine engere Abgrenzung zu Grunde legen als die, die für die Rückverfolgung gewählt wurde.

22. Alle weiteren Informationen könnten auf der Basis der anzuwendenden Instrumente für den Informationsaustausch angefragt werden.

23. Dazu gehören: *i)* Regelungen für Holdinggesellschaften, *ii)* Regelungen für Unternehmenszentralen, *iii)* Regelungen für Vertriebszentren, *iv)* Regelungen für Dienstleistungszentren, *v)* Regelungen für Finanzierung und Leasing, *vi)* Regelungen für das Fondsmanagement, *vii)* Regelungen für das Bankwesen, *viii)* Regelungen für das Versicherungswesen und *ix)* Regelungen für Schifffahrtsgesellschaften.

24. Die Definition der „qualifizierten Steuerpflichtigen" wäre hier die gleiche wie im Kontext von IP-Regelungen. Vgl. Ziffer 33 weiter oben. Diese Definition umfasst gebietsansässige Unternehmen, inländische Betriebsstätten ausländischer Unternehmen sowie ausländische Betriebsstätten gebietsansässiger Unternehmen, die in dem die Steuervergünstigungen gewährenden Staat steuerpflichtig sind.

25. Vgl. Ziffer 6 des Berichts von 1998, S. 8.

26. Ein Fondsmanager ist eine juristische oder natürliche Person, die Managementleistungen für einen Investmentfonds oder dessen Anleger erbringt, indem er z.B. Anlageentscheidungen trifft.

27. Vgl. Ziffer 261 der CAN, S. 73. Die Arbeiten des FHTP befassen sich mit dem Fondsmanagement und nicht mit der Besteuerung des Fonds selbst.

28. Nach Ziffer 65 der CAN, S. 21, wird der Ring-fencing-Faktor im Zusammenhang mit Maßnahmen zur Beseitigung oder Verringerung von Doppelbesteuerung nicht herangezogen, er muss aber einige Merkmale aufweisen, die gewährleisten, dass er nur gilt, wenn es zu Doppelbesteuerung kommen kann. Im Kontext von Regelungen für Holdinggesellschaften wird unter Ziffer 244 der CAN, S. 68-69, Folgendes hinzugefügt:

> ... die Regelung für Holdinggesellschaften muss daher die Wirkung effektiver Maßnahmen zur Verwirklichung dieses Ziels gewährleisten. Solche Maßnahmen können beispielsweise, vorbehaltlich bestehender Steuerklauseln, Gesetze zur Hinzurechnungsbesteuerung (CFC-Vorschriften) (oder ähnliche Vorschriften, die zum Zeitpunkt der Ausschüttung von Dividenden oder Veräußerung von Aktien greifen), die Anwendung von Freistellungsmethoden im Kontext von Abkommen über die Besteuerung von Einkommen nach dem OECD-Musterabkommen auf dem Gebiete der Steuern vom Einkommen und vom Vermögen (nachstehend „OECD-Musterabkommen“) oder die Nutzung von Missbrauchsbekämpfungsvorschriften umfassen (OECD, 2004b).

Literaturverzeichnis

OECD (2015), *Action 5: Agreement on Modified Nexus Approach for IP Regimes*, OECD, *www.oecd.org/ctp/beps-action-5-agreement-on-modified-nexus-approach-for-ip-regimes.pdf.*

OECD (2014a), *Aktionsplan zur Bekämpfung der Gewinnverkürzung und Gewinnverlagerung*, OECD Publishing, Paris, *http://dx.doi.org/10.1787/9789264209688-de.*

OECD (2014b), *Wirksamere Bekämpfung schädlicher Steuerpraktiken unter Berücksichtigung von Transparenz und Substanz*, OECD Publishing, Paris, *http://dx.doi.org/10.1787/9789264223455-de.*

OECD (2004a), *Harmful Tax Practices: The 2004 Progress Report*, OECD, *www.oecd.org/ctp/harmful/30901115.pdf.*

OECD (2004b), *Consolidated Application Note: Guidance in Applying the 1998 Report to Preferential Tax Regimes*, OECD, *www.oecd.org/ctp/harmful/30901132.pdf.*

OECD (1998), *Harmful Tax Competition: An Emerging Global Issue*, OECD Publishing, Paris, *http://dx.doi.org/10.1787/9789264162945-en.*

Kapitel 5

Neuausrichtung der Arbeiten zu schädlichen Steuerpraktiken: Rahmen zur Erhöhung der Transparenz in Bezug auf steuerliche Vorabzusagen

I. Einführung

89. Der zweite Schwerpunkt von Aktionspunkt 5 zur Neuausrichtung der Arbeiten über schädliche Steuerpraktiken ist die Erhöhung der Transparenz, was den verpflichtenden spontanen Informationsaustausch über bestimmte steuerliche Vorabzusagen („Ruling") umfasst. Diese Arbeiten sind Teil der dritten Säule des BEPS-Projekts, deren Ziel es ist, die Transparenz zu sichern und zugleich eine größere Rechts- und Planungssicherheit zu fördern.

90. Das FHTP beschloss, die Arbeiten zur Erhöhung der Transparenz in drei Etappen durchzuführen:

a) In der ersten Etappe richtete sich der Blick auf die Ausarbeitung eines Rahmens für den verpflichtenden spontanen Informationsaustausch über steuerliche Vorabzusagen im Zusammenhang mit präferenziellen Regelungen. Dieser Rahmen wurde im Sachstandsbericht von 2014 des FHTP (OECD, 2014a) skizziert und anschließend abgeändert und wird nun durch die in diesem Bericht erläuterten Leitlinien ersetzt. Im Sachstandsbericht von 2014 wurde klargestellt, dass der Rahmen dynamisch und flexibel sein würde und dass weitere Arbeiten durchgeführt würden.

b) In der zweiten Etappe der Arbeiten untersuchte das FHTP, ob die Transparenz weiter verbessert werden könnte, und befasste sich mit den Regelungen für steuerliche Vorabzusagen in OECD-Staaten und assoziierten Staaten. Diese Arbeiten, die einen von den OECD- und den assoziierten Staaten auszufüllenden Fragebogen zur aktuellen Praxis im Zusammenhang mit Vorabzusagen umfassten, dienten als Grundlage für die Weiterentwicklung des Rahmens für den verpflichtenden spontanen Informationsaustausch. Sie mündeten in der Feststellung, dass das Erfordernis eines verpflichtenden spontanen Informationsaustausches im Allgemeinen in allen Fällen bestehen sollte, in denen das Ausbleiben eines solchen Informationsaustausches über eine steuerliche Vorabzusage Fragen der Gewinnverkürzung und Gewinnverlagerung (BEPS) aufwerfen könnte. Dieser Ansatz baut darauf auf, dass Aktionspunkt 5 sich nicht auf den Informationsaustausch über Vorabzusagen im Zusammenhang mit präferenziellen Regelungen beschränkt, sondern insgesamt mehr Transparenz schaffen soll. In diesem Kontext befasst sich das FHTP mit konkreten Fällen, in denen das Ausbleiben eines Austausches BEPS-Fragen aufwerfen kann, anstatt zu unterstellen, dass der Staat, der die Vorabzusage erteilt, in allen solchen Fällen eine präferenzielle Regelung eingerichtet hat. Darin drückt sich auch aus, dass eine sinnvolle Transparenzregel möglicherweise über den jeweiligen Sachbereich hinausgehen muss. So soll z.B. nicht unterstellt werden, dass ein Verfahren für unilaterale Vorabverständigungen über die Verrechnungspreisgestaltung (*Advance Pricing Arrangements* – APA) an sich bereits eine präferenzielle Regelung darstellt. Allerdings kann eine präferenzielle Regelung, insbesondere eine administrativer Art, ganz oder in Teilen über eine Regelung für Vorabverständigungen über die Verrechnungspreisgestaltung oder einen Steuervorbescheid (*Advance Tax Ruling* – ATR) zum Tragen kommen. In solchen Fällen kann eine wirklich sachkundige Entscheidung erst getroffen werden, wenn die Informationen zu der Vorabzusage übermittelt wurden. Anstatt Unterteilungen vorzunehmen, die in der Praxis nur sehr schwer umsetzbar wären und die Steuerverwaltung, die die Vorabzusage erteilt, in die schwierige Lage versetzen würden, den Charakter ihrer eigenen Regelung zu bestimmen, entschied sich das FHTP für Einfachheit und Klarheit. Dabei wies das FHTP auch darauf hin, dass APA und ATR nach Aktionspunkt 13 zur Verrechnungspreisdokumentation in die Einzeldokumentation („Local File") und die Stammdokumentation („Master File") aufzunehmen sind, und äußerte die Ansicht, dass der spontane Austausch wichtiger Informationen zu APA und ATR zwischen den Steuerverwaltungen eine nützliche Gegenprüfung der vom Steuerpflichtigen unterbreiteten Informationen ermöglichen würde.

c) In einem dritten Schritt entwickelte das FHTP einen auf optimalen Verfahrensweisen („Best Practices") beruhenden allgemeinen Rahmen für die Gestaltung und Funktionsweise von Regelungen zu steuerlichen Vorabzusagen.

91. In diesem Kapitel, das die erste und die zweite Etappe verbindet, wird der vereinbarte OECD-Rahmen für den verpflichtenden spontanen Informationsaustausch über steuerliche Vorabzusagen dargelegt. Dies beinhaltet sechs Kategorien steuerpflichtigenspezifischer bzw. individueller Vorabzusagen, die ohne einen verpflichtenden spontanen Informationsaustausch BEPS-Probleme aufwerfen könnten. Diese sechs Kategorien sind: *i)* Vorabzusagen im Zusammenhang mit präferenziellen Regelungen, *ii)* unilaterale APA oder sonstige grenzüberschreitende unilaterale Vorabzusagen bezüglich der Verrechnungspreisgestaltung, *iii)* grenzüberschreitende Vorabzusagen, die eine Berichtigung des steuerpflichtigen Gewinns nach unten ermöglichen, *iv)* Vorabzusagen für Betriebsstätten, *v)* Vorabzusagen für Durchlaufgesellschaften (*Conduits*) zwischen nahestehenden Unternehmen sowie *vi)* alle anderen Arten steuerlicher Vorabzusagen, bei denen das FHTP übereinkommt, dass sie ohne einen spontanen Informationsaustausch BEPS-Fragen aufwerfen. Dies bedeutet nicht, dass solche steuerlichen Vorabzusagen bzw. die gesetzlichen oder administrativen Verfahren für ihre Erteilung präferenzielle Regelungen darstellen. Vielmehr drückt sich darin die Besorgnis der Staaten aus, dass mangelnde Transparenz zu Gewinnverkürzung und Gewinnverlagerung führen kann, wenn die Staaten keine Kenntnis oder Informationen über die steuerliche Behandlung eines Steuerpflichtigen in einem bestimmten Staat besitzen und diese steuerliche Behandlung Auswirkungen auf die Transaktionen oder Gestaltungen hat, die dieser Steuerpflichtige mit einem nahestehenden Steuerpflichtigen in ihrem Staat durchgeführt hat. Die Verfügbarkeit zeitnaher und zielgerichteter Informationen in einem Musterformular, das in Abschnitt V dieses Kapitels und Anhang C erläutert wird, ist äußerst wichtig, um es den Steuerverwaltungen zu ermöglichen, Risikobereiche rasch zu identifizieren.

92. Dieser Rahmen wurde in der Absicht konzipiert, gleichzeitig sicherzustellen, dass die übermittelten Informationen für andere Steuerverwaltungen relevant sind, und dass dadurch weder dem Land, das die Informationen übermittelt, noch dem, das sie empfängt, unnötiger Verwaltungsaufwand entsteht. Der Rahmen stützt sich auf die in der CAN (OECD, 2004) enthaltenen Leitlinien und berücksichtigt auch das Übereinkommen über die gegenseitige Amtshilfe in Steuersachen (Amtshilfeübereinkommen, OECD, 2010a)[1] sowie die Richtlinie 2011/16/EU des Rates der Europäischen Union vom 15. Februar 2011 über die Zusammenarbeit der Verwaltungsbehörden im Bereich der Besteuerung (einschließlich der Arbeiten zum spontanen Informationsaustausch im Kontext von Verrechnungspreisen und grenzüberschreitenden Vorabzusagen). Diese verschiedenen Texte verfolgen insofern alle ein gemeinsames Ziel, als sie einen spontanen Informationsaustausch in Situationen fördern wollen, in denen anzunehmen ist, dass von einem Staat erhaltene Informationen für einen anderen Staat von Interesse sind.

93. Steuerliche Vorabzusagen sind zwar anerkanntermaßen ein nützliches Instrument sowohl für die Steuerverwaltungen als auch für die Steuerpflichtigen, da sie Rechts- und Planungssicherheit gewährleisten und so Streitigkeiten von vornherein verhindern, allerdings ist die Sorge über das Fehlen an Transparenz dabei nicht neu, weshalb Regelungen für steuerliche Vorabzusagen von Anfang an im Fokus der Arbeiten der OECD zu schädlichen Steuerpraktiken standen. Die CAN enthält umfassende Leitlinien zur Frage der Transparenz. Wie der Bericht von 1998 (OECD, 1998) und die CAN aufzeigen, spielt Transparenz im Zusammenhang mit steuerlichen Vorabzusagen, einschließlich unilateraler APA sowie administrativer Praktiken im Allgemeinen, bei denen spontane Benachrichtigungen notwendig sein können, häufig eine wichtige Rolle. Regelungen für steuerliche Vorabzusagen können auch genutzt werden, um international mobiles Kapital in einen bestimmten Staat zu locken, und sie können dies in einer Weise tun, die schädliche Steuerpraktiken verstärkt oder eine solche schädliche Steuerpraxis darstellt.

94. Dieses Kapitel befasst sich mit folgenden Punkten: *i)* Welche steuerlichen Vorabzusagen sind betroffen? *ii)* Mit welchen Staaten müssen Informationen ausgetauscht werden? *iii)* Anwendung des Rahmens auf frühere oder künftige steuerliche Vorabzusagen; *iv)* Welche Informationen sind Gegenstand des Austausches? *v)* Konkrete Umsetzungsfragen; *vi)* Auf Gegenseitigkeit beruhender Ansatz für den Informationsaustausch. *vii)* Vertraulichkeit der ausgetauschten Informationen; *viii)* Empfehlungen für optimale Verfahrensweisen („Best Practices") in Bezug auf steuerliche Vorabzusagen.

II. Steuerliche Vorabzusagen, die in den Rahmen für den spontanen Informationsaustausch fallen

A. *Definition einer steuerlichen Vorabzusage („Ruling")*

95. Steuerliche Vorabzusagen sind „alle Empfehlungen, Auskünfte oder Zusicherungen einer Steuerbehörde gegenüber einem bestimmten Steuerpflichtigen oder einer Gruppe von Steuerpflichtigen in Bezug auf dessen bzw. deren Steuersituation, auf die sich dieser Steuerpflichtige bzw. diese Gruppe von Steuerpflichtigen berufen kann"[2].

96. Der Steuerpflichtige kann sich zwar auf die Bedingungen einer steuerlichen Vorabzusage berufen, dies setzt aber normalerweise voraus, dass die Sachverhalte, auf denen die Vorabzusage basiert, richtig dargestellt wurden, und dass der Steuerpflichtige die Bedingungen der Vorabzusage einhält. Die obige Definition ist weit gefasst und erstreckt sich sowohl auf allgemein gültige steuerliche Vorabzusagen als auch auf individuelle

Vorabzusagen. Der Rahmen für den verpflichtenden spontanen Informationsaustausch bezieht sich allerdings nur auf individuelle Vorabzusagen.

97. *Individuelle Vorabzusagen* sind steuerliche Vorabzusagen, die für einen bestimmten Steuerpflichtigen gelten und auf die sich dieser Steuerpflichtige berufen kann. Solche Vorabzusagen können sowohl vor dem betreffenden Geschäftsvorfall (dies gilt für ATR oder Freistellungen und APA) als auch danach erteilt werden, in beiden Fällen auf Antrag des Steuerpflichtigen. Nicht in der Definition der steuerlichen Vorabzusage enthalten sind somit beispielsweise alle Erklärungen oder Vereinbarungen, zu denen es infolge einer Betriebsprüfung kommt, nachdem der Steuerpflichtige seine Steuererklärung oder Rechnungslegung eingereicht hat. Nicht ausgenommen sind allerdings alle Vorabzusagen oder Verständigungen über die Behandlung künftiger Gewinne, zu denen es infolge einer Betriebsprüfung kommt, falls die betreffende Vorabzusage unter eine der in diesem Bericht genannten Kategorien fällt.

98. *Steuervorbescheide (Advance Tax Rulings* – ATR) gelten für einen bestimmten Steuerpflichtigen und enthalten eine Bestimmung der Besteuerungskonsequenzen eines geplanten Geschäftsvorfalls, auf die sich dieser Steuerpflichtige berufen kann. ATR können eine Vielzahl von Formen annehmen und Vorabzusagen oder Freistellungen umfassen, die im Rahmen eines gesetzlichen oder administrativen Verfahrens erteilt werden, einschließlich informell erteilter Vorabzusagen. Häufig legen sie fest, ob – und in manchen Fällen auch wie – bestimmte Rechtsvorschriften oder Verwaltungsverfahren auf eine geplante Transaktion, die von einem bestimmten Steuerpflichtigen getätigt wird, anzuwenden sein wird. Solche Steuervorbescheide können auch festlegen, ob und wie eine allgemein gültige Vorabzusage auf die Gegebenheiten und Umstände eines bestimmten Steuerpflichtigen angewandt wird. Üblicherweise wird der betroffene Steuerpflichtige einen Antrag auf einen Steuervorbescheid stellen, bevor er die fragliche Transaktion tätigt, auch wenn einige Regelungen die Möglichkeit der Erteilung solcher Auskünfte nach der Durchführung einer Transaktion vorsehen; solche nach dem Geschäftsvorfall erteilten Vorbescheide sind ebenfalls erfasst. Der Steuervorbescheid wird eine Bestimmung der Besteuerungskonsequenzen des fraglichen Geschäftsvorfalls enthalten, auf die sich der Steuerpflichtige berufen kann, vorausgesetzt die tatsächliche Sachlage entspricht den im ATR-Antrag gemachten Angaben. Solche Steuervorbescheide sind auf den jeweiligen Steuerpflichtigen zugeschnitten, da sie der Sachlage dieses Steuerpflichtigen Rechnung tragen, und können somit nicht direkt auf andere Steuerpflichtige angewandt werden (wenn sie allerdings in anonymisierter oder redigierter Form vorliegen, können solche Vorbescheide anderen Steuerpflichtigen, deren Gegebenheiten und Umstände ähnlich sind, als Orientierung dienen[3]). Diese Art von Vorabzusage kann beispielsweise Vorabzusagen zu Verrechnungspreisangelegenheiten umfassen, die nicht die Voraussetzungen für eine Vorabverständigung über die Verrechnungspreisgestaltung erfüllen. Sie können auch eine Betrachtung oder Bestimmung der künftigen steuerlichen Behandlung des Steuerpflichtigen enthalten, auf die sich dieser berufen kann.

99. *Eine Vorabverständigung über die Verrechnungspreisgestaltung (Advance Pricing Arrangement* – APA) ist in den OECD-Verrechnungspreisleitlinien für multinationale Unternehmen und Steuerverwaltungen (Verrechnungspreisleitlinien, OECD, 2011) definiert als „eine Vereinbarung, bei der vor Abwicklung konzerninterner Geschäftsvorfälle ein entsprechender Kriterienkatalog festgelegt wird (...), um die Verrechnungspreise für diese Geschäftsvorfälle über einen festen Zeitraum hinweg zu ermitteln“[4]. Sie gibt den Steuerpflichtigen Gewissheit darüber, wie die Verrechnungspreisregeln auf künftige Geschäftsvorfälle angewandt werden, die in den Geltungsbereich der Vorabverständigung fallen. Dazu legt sie normalerweise einen geeigneten Kriterienkatalog (z.B. Methode, Vergleichswerte mit etwaigen angemessenen

Anpassungen und entscheidende Annahmen in Bezug auf künftige Ereignisse) für die Bestimmung der Verrechnungspreise fest[5].

100. Die Verrechnungspreisleitlinien unterscheiden wie folgt zwischen APA und anderen Vorabzusageverfahren wie Steuervorbescheiden (ATR):

> *„Die Vorabverständigung über die Verrechnungspreisgestaltung (APA) unterscheidet sich insofern vom herkömmlichen Verfahren der Auskunftserteilung bzw. Vorabzusage, als sie eine genaue Prüfung und – soweit angemessen – Überprüfung der Sachverhaltsannahmen voraussetzt, auf die sich die Bestimmung der rechtlichen Folgen stützt, bevor diese Bestimmung erfolgen kann. Außerdem sieht die Vorabverständigung vor, dass kontinuierlich beobachtet wird, ob die Sachverhaltsannahmen während ihrer gesamten Laufzeit zutreffend bleiben.“* (OECD, 2011)[6]

101. Vorabverständigungen über die Verrechnungspreisgestaltung (APA) können unilateral, bilateral oder multilateral sein. Bilaterale und multilaterale APA werden zwischen zwei oder mehreren Steuerbehörden im Rahmen des Verständigungsverfahrens der einschlägigen Steuerabkommen getroffen. Die verbundenen Unternehmen, die eine Vorabverständigung beantragen, übermitteln den Steuerbehörden üblicherweise eine Begleitdokumentation über die Branchen, Märkte und Länder, für die die Vereinbarung gelten soll, ebenso wie Einzelheiten zu den Methoden, die sie anzuwenden gedenken, Informationen zu Geschäftsvorfällen, die Vergleichswerte liefern können, sowie eine Funktionsanalyse des Beitrags der einzelnen Unternehmen. Weil APA die Methoden regeln, die in den kommenden Jahren zur Bestimmung der Verrechnungspreise angewendet werden, setzen sie Annahmen oder Vorhersagen zu künftigen Ereignissen voraus.

102. *Allgemein gültige Vorabzusagen* gelten statt für einen bestimmten Steuerpflichtigen für Gruppen oder Arten von Steuerpflichtigen oder können in Bezug auf einen festgelegten Katalog an Umständen oder Tätigkeiten erteilt werden. Sie geben üblicherweise Hinweise zum Standpunkt der Steuerbehörde in Angelegenheiten wie der Auslegung der Rechtsvorschriften und der Verwaltungspraxis[7] sowie zu deren Anwendung auf die Steuerpflichtigen im Allgemeinen, auf eine bestimmte Gruppe von Steuerpflichtigen oder auf bestimmte Tätigkeiten. Diese Hinweise gelten üblicherweise für sämtliche Steuerpflichtigen, die Tätigkeiten nachgehen oder Transaktionen durchführen, die in den Geltungsbereich der Vorabzusage fallen. Solche Vorabzusagen werden häufig veröffentlicht und können von den Steuerpflichtigen auf ihre relevanten Tätigkeiten oder Transaktionen angewandt werden, ohne dass sie einen Antrag auf eine spezifische Vorabzusage stellen müssten. Der Rahmen bezieht sich nicht auf allgemein gültige steuerliche Vorabzusagen, die optimalen Verfahrensweisen („Best Practices“) tun dies aber.

B. Individuelle steuerliche Vorabzusagen im Zusammenhang mit präferenziellen Regelungen

103. Das FHTP hat bereits einem – in seinem Sachstandsbericht von 2014 dargelegten – Rahmen für den verpflichtenden Informationsaustausch über steuerliche Vorabzusagen im Zusammenhang mit präferenziellen Regelungen zugestimmt. Für solche Vorabzusagen wird eine Filtermethode angewandt, wonach eine Pflicht zum spontanen Informationsaustausch in Bezug auf grenzüberschreitende individuelle steuerliche Vorabzusagen besteht, die *i)* in den Rahmen der Arbeiten des FHTP fallen, *ii)* präferenziellen Charakter haben und *iii)* das Kriterium des geringen oder inexistenten Steuersatzes erfüllen[8]. Wenn steuerliche Vorabzusagen in Bezug auf solche Regelungen erteilt werden, besteht eine Verpflichtung zum spontanen Informationsaustausch.

104. Die Verpflichtung zum spontanen Informationsaustausch entsteht bei steuerlichen Vorabzusagen bezüglich *aller* solcher präferenziellen Regelungen. Sie kann somit entstehen, ohne dass die Regelung geprüft wurde oder als potenziell oder tatsächlich schädlich im Sinne des Berichts von 1998 eingestuft wurde. Die Verpflichtung betrifft somit auch alle Vorabzusagen (gemäß der Definition) im Zusammenhang mit präferenziellen Regelungen, die noch nicht geprüft wurden oder die geprüft wurden, aber nicht als potenziell oder tatsächlich schädlich eingestuft und deshalb freigegeben wurden.

105. Staaten, die über präferenzielle Regelungen verfügen, die noch nicht durch das FHTP geprüft wurden, müssen selbst beurteilen und entscheiden, ob die Filterkriterien erfüllt sind. Ist dies der Fall, entsteht sofort die Verpflichtung zum spontanen Informationsaustausch, ohne dass das FHTP die betreffende Regelung zuvor formell prüfen muss. Bei Zweifeln hinsichtlich der Anwendbarkeit der Filterkriterien wird empfohlen, dass der betreffende Staat spontan Informationen übermittelt. Es wird erwartet, dass ein Staat, der über eine präferenzielle Regelung verfügt, die noch nicht vom FHTP geprüft wurde, sich selbst an das FHTP wendet, um die Regelung vom FHTP prüfen zu lassen.

106. Da der Rahmen nunmehr sechs Kategorien steuerlicher Vorabzusagen umfasst, wurden einige der im Sachstandsbericht des FHTP von 2014 beschriebenen Verfahren geändert und vereinfacht, weshalb dieser Bericht den Sachstandsbericht von 2014 ersetzt.

C. Grenzüberschreitende unilaterale APA und sonstige grenzüberschreitende unilaterale Vorabzusagen (z.B. ATR) bezüglich der Verrechnungspreisgestaltung oder der Anwendung von Verrechnungspreisgrundsätzen

107. Unilaterale APA sind Vorabverständigungen über die Verrechnungspreisgestaltung, die zwischen einer Steuerverwaltung eines Staates und einem Steuerpflichtigen in ihrem Staat getroffen werden.

108. „Sonstige grenzüberschreitende unilaterale Vorabzusagen bezüglich der Verrechnungspreisgestaltung oder der Anwendung von Verrechnungspreisgrundsätzen" umfassen beispielsweise ATR zu Verrechnungspreisfragen, die nicht den Anforderungen einer Vorabverständigung genügen, z.B. weil sich die betreffende Vorabzusage auf die Beantwortung von Fragen gesetzlicher Art ausgehend von Sachverhalten beschränkt, die von einem Steuerpflichtigen dargelegt wurden (anders als eine Vorabverständigung, die sich im Allgemeinen mit Sachverhaltsfragen befasst), oder weil die Vorabzusage nur für einen bestimmten Geschäftsvorfall gilt (anders als eine Vorabverständigung, die sich üblicherweise auf mehrere Transaktionen, mehrere Arten kontinuierlich durchgeführter Transaktionen oder sämtliche internationale Transaktionen, die ein Steuerpflichtiger während eines bestimmten Zeitraums getätigt hat, bezieht).

109. Unilaterale APA und sonstige unilaterale Vorabzusagen fallen unter die erfassten Vorabzusagen, nicht etwa weil sie präferenziellen Charakter haben, sondern weil sie, falls es an Transparenz mangelt, zu Verzerrungen führen und BEPS-Probleme aufwerfen können und sich direkt oder indirekt auf die Steuerposition in einem anderen Staat auswirken. In manchen Staaten können unilaterale APA eine Berichtigung der Gewinne nach oben oder unten im Vergleich zur Ausgangsposition vorsehen. Zudem können unilaterale APA künftige Verrechnungspreismethoden oder eine künftige Preis- oder Gewinnaufteilungsstruktur festlegen. Wenn die Bedingungen solcher Vereinbarungen den Steuerverwaltungen, die sich mit einander nahestehenden Steuerpflichtigen befassen, nicht vorliegen, kann es zu Inkongruenzen zwischen der Preisgestaltung und der Besteuerung auf den verschiedenen Seiten der Transaktion kommen, was zur Folge haben kann, dass Gewinne unversteuert bleiben, womit Fragen der Gewinnverkürzung und Gewinnverlagerung aufgeworfen werden.

110. Es besteht eine Verbindung zwischen der Verpflichtung zum spontanen Informationsaustausch zu dieser Kategorie steuerlicher Vorabzusagen und den Anforderungen an die Verrechnungspreisdokumentation gemäß Aktionspunkt 13. Die Stammdokumentation („Master File") muss im Einzelnen eine Auflistung und kurze Beschreibung der bestehenden Vorabverständigungen über die Verrechnungspreisgestaltung (APA) und anderen steuerlichen Vorabzusagen des Konzerns im Zusammenhang mit der Aufteilung der Einkünfte zwischen den Staaten enthalten. Die Einzeldokumentation („Local File") muss Kopien bestehender unilateraler und bilateraler/multilateraler APA sowie sonstiger steuerlicher Vorabzusagen enthalten, an denen die inländische Steuerverwaltung nicht beteiligt ist und die mit den betreffenden wesentlichen konzerninternen Geschäftsvorfällen in Zusammenhang stehen.

111. Die Verpflichtung zum spontanen Informationsaustausch über unilaterale APA und sonstige Vorabzusagen zu Verrechnungspreisfragen könnte sich allerdings auf ein breiteres Spektrum von Vorabzusagen zu Verrechnungspreisfragen erstrecken als jene, die in der Einzeldokumentation und der Stammdokumentation zu nennen sind. Beispielsweise werden in die Local File nur Vorabzusagen zu „wesentlichen konzerninternen Geschäftsvorfällen" aufgenommen, womit die Schwelle höher angesetzt ist als nach Aktionspunkt 5 erforderlich. Auch können für bestimmte Informationen der Einzeldokumentation inländische Wesentlichkeitsgrenzen gelten, so dass manche Steuerpflichtige möglicherweise nicht verpflichtet sind, eine solche Local File zu erstellen.

112. Darüber hinaus verstärken sich diese beiden Auflagenkataloge gegenseitig, indem sie den Steuerverwaltungen gestatten, die von den Steuerpflichtigen unterbreiteten Informationen im Licht der von anderen Steuerverwaltungen übermittelten Informationen zu prüfen und umgekehrt. Diese doppelten Auflagen können auch zur Folge haben, dass den Steuerverwaltungen zusätzliche Informationen vorliegen, die ihnen dabei helfen könnten, Fälle zu identifizieren, in denen sie ein Ersuchen um zusätzliche Informationen an eine andere Steuerverwaltung richten möchten.

D. Grenzüberschreitende Vorabzusagen, die eine Berichtigung der steuerpflichtigen Gewinne des Steuerpflichtigen nach unten vorsehen, die sich nicht direkt in der Rechnungslegung des Steuerpflichtigen widerspiegelt

113. Dies umfasst beispielsweise steuerliche Vorabzusagen bezüglich der Behandlung von informellem Kapital (Informal Capital Rulings) oder ähnliche Vorabzusagen, soweit sie nicht bereits unter Abschnitt II.C behandelt wurden. Die CAN nennt Steuervorbescheide (ATR) oder unilaterale APA, die eine Berichtigung der Gewinne nach unten vorsehen, die sich nicht in der Rechnungslegung des Unternehmens widerspiegelt, ausdrücklich als Beispiele von Fällen, die zu einem Mangel an Transparenz führen könnten, wenn die betreffende Steuerverwaltung die andere Steuerverwaltung nicht über die Existenz der Vorabzusage informiert. Außerdem anerkannte der Bericht von 2000 (OECD, 2001), dass es sich bei Regelungen, die eine negative Berichtigung der Gewinne gestatten, um präferenzielle Regelungen handeln könnte[9].

114. Eine Regelung, die eine negative Gewinnberichtigung ermöglicht, birgt das Potenzial, zu inexistenter oder geringer Besteuerung zu führen, und schafft für multinationale Konzerne einen Anreiz zur Gewinnverlagerung. Dieser Anreiz ist gegeben, wenn die Berichtigung nach unten vorhersehbar ist, z.B. wenn sie Teil einer steuerlichen Vorabzusage oder einer anderen Verwaltungspraxis ist. In solchen Fällen ist ein wirksamer Informationsaustausch besonders wichtig, um anderen Staaten die Möglichkeit zu geben, ihre Verrechnungspreisvorschriften anzuwenden. Vielfach wird der betroffene Staat nicht in der Lage sein, zu

bestimmen, ob eine solche Berichtigung vorgenommen wurde, z.B. weil die Anpassung in einer innerstaatlichen Steuerberechnung erfolgte, ohne sich in der Rechnungslegung des betreffenden Unternehmens widerzuspiegeln, oder weil sie nachträglich erfolgte[10].

115. Steuerliche Vorabzusagen bezüglich der Behandlung überhöhter Gewinne (Excess Profits Rulings), Vorabzusagen bezüglich der Behandlung von informellem Kapital und ähnliche steuerliche Vorabzusagen anerkennen die Bereitstellung von Kapital oder Vermögenswerten, im Allgemeinen durch die Muttergesellschaft oder ein anderes nahestehendes Unternehmen, und gestatten eine Anpassung, durch die sich der steuerpflichtige Gewinn verringert, z.B. durch einen fiktiven Zinsabzug im Fall eines zinsfreien Darlehens. Ein Beispiel hierfür wäre, dass der Preis, den eine Tochtergesellschaft an ihre Mutter zahlt, geringer ausgewiesen wird als der fremdübliche Preis und dies in der Absicht geschieht, die Tochtergesellschaft zu begünstigen. Unter solchen Umständen könnte ein Staat den Gewinn der Tochtergesellschaft nach unten berichtigen, um den Preis widerzuspiegeln, die sie hätte bezahlen müssen, wenn der betreffende Geschäftsvorfall unter fremdüblichen Bedingungen getätigt worden wäre. Die Berichtigung nach unten entspricht dann dem Differenzbetrag zwischen dem tatsächlich gezahlten Preis und dem fremdüblichen Preis, so dass dieser Differenzbetrag in den Steuerberechnungen des Unternehmens (nicht aber in dessen Rechnungslegung/ gesetzlich vorgeschriebenem Jahresabschluss) so behandelt würde, als sei er von der Tochtergesellschaft an ihre Muttergesellschaft gezahlt worden. Dadurch kommt es zu einem Betriebsausgabenabzug und verringert sich der effektive Steuersatz, den das Tochterunternehmen zu zahlen hat, wobei es allerdings unwahrscheinlich ist, dass im Staat der Muttergesellschaft entsprechend höhere Steuern erhoben werden, sofern dieser Staat nicht über die erfolgte Berichtigung und deren Betrag informiert ist. Des Weiteren wurde vereinbart, dass Staaten, in denen Regelungen bezüglich der Behandlung von informellem Kapital oder von überhöhten Gewinnen zu Berichtigungen nach unten führen können und die von den Steuerpflichtigen nicht verlangen, dass sie sich eine steuerliche Vorabzusage beschaffen, um die betreffende Regelung in Anspruch zu nehmen, sicherstellen werden, dass die Steuerverwaltung über alle Fälle informiert ist, in denen die betreffende Regelung Anwendung fand. Informationen zu diesen Fällen werden auch an andere betroffene Steuerbehörden übermittelt werden.

116. Unter diese Kategorie steuerlicher Vorabzusage sollen weder Berichtigungen nach unten fallen, die im Anschluss an Prüfungen der eingereichten Rechnungslegung oder Steuererklärungen vorgenommen wurden, falls keine gesonderte Vorabzusage vorliegt, noch unilaterale Entlastungen für Posten wie z.B. im Ausland gezahlte Steuern.

E. Steuerliche Vorabzusagen für Betriebsstätten, d.h. Vorabzusagen bezüglich des Vorliegens bzw. Nichtvorliegens einer Betriebsstätte und/oder der Zurechnung von Gewinnen zu einer Betriebsstätte durch den Staat, der die Vorabzusage erteilt

117. Dies umfasst steuerliche Vorabzusagen, soweit nicht bereits in Abschnitt II.C behandelt, die eine ausdrückliche Bestimmung oder Entscheidung über das Vorliegen bzw. Nichtvorliegen einer Betriebsstätte (innerhalb oder außerhalb des Staats, der die Vorabzusage erteilt) beinhalten, oder alle Vorabzusagen, die festlegen, welcher Anteil der Gewinne einer Betriebsstätte zugerechnet wird.

F. Steuerliche Vorabzusagen für Durchlaufgesellschaften (Conduits) zwischen nahestehenden Unternehmen

118. Soweit nicht bereits unter Abschnitt II.C behandelt, umfasst dies steuerliche Vorabzusagen bezüglich Gestaltungen, bei denen es zu grenzüberschreitenden Finanzierungs- oder Einnahmeströmen kommt, die über einen Rechtsträger in dem Staat fließen, der die Vorabzusage erteilt, unabhängig davon, ob diese Finanzierungs- oder Einnahmeströme direkt oder indirekt (d.h. zunächst über einen anderen inländischen Rechtsträger) in einen anderen Staat fließen.

119. Indirekte Conduit-Strukturen umfassen beispielsweise Gestaltungen, bei denen ein nachgeordneter inländischer Rechtsträger Einkünfte aus dem Ausland (z.B. Zinsen auf ein Darlehen) von operativen Unternehmen bezieht und diese Einkünfte dann an ein übergeordnetes inländisches Unternehmen als Zinsen auf ein Darlehen zahlt, wobei dem nachgeordneten Rechtsträger eine kleine steuerpflichtige Gewinnmarge bleibt. Das übergeordnete Unternehmen wird nach innerstaatlichem Recht als steuerlich transparenter Rechtsträger behandelt und hat nur gebietsfremde Geschäftspartner, womit es die Besteuerung umgeht. Dies resultiert in einem Zinsabzug in den operativen Unternehmen ohne entsprechende Erhöhung der Einkünfte bei inländischen Rechtsträgern (von der kleinen Gewinnspanne abgesehen) oder den gebietsfremden Geschäftspartnern.

G. Alle anderen Arten steuerlicher Vorabzusagen, die ohne einen spontanen Informationsaustausch BEPS-Fragen aufwerfen

120. Falls das FHTP dies zu einem späteren Zeitpunkt vereinbart, könnte diese Kategorie für alle anderen Arten steuerlicher Vorabzusagen genutzt werden, die ohne einen verpflichtenden spontanen Informationsaustausch BEPS-Fragen aufwerfen. Durch diese Wortwahl soll das FHTP die nötige Flexibilität erhalten, um die Verpflichtung zum spontanen Informationsaustausch künftig auf weitere Kategorien steuerlicher Vorabzusagen ausdehnen zu können. Sie gilt also nur für den Fall, dass sich das FHTP in der Folge darauf einigt, dass andere steuerliche Vorabzusagen ähnliche Probleme aufwerfen wie die bereits in den Rahmen aufgenommenen Vorabzusagen und somit hinzugefügt werden sollten.

III. Staaten, die die Informationen erhalten müssen

121. Ein Austausch von Informationen über die sechs Kategorien steuerlicher Vorabzusagen muss im Allgemeinen mit folgenden Staaten stattfinden:

a) den Ansässigkeitsstaaten sämtlicher nahestehender Dritter, mit denen der Steuerpflichtige eine Transaktion tätigt, für die eine Vorabzusage gewährt wird oder bei der Einkünfte von nahestehenden Dritten bezogen werden, die eine Vorzugsbehandlung genießen (diese Regel gilt auch in einem Betriebsstättenkontext), sowie

b) dem Ansässigkeitsstaat der obersten Muttergesellschaft und der unmittelbaren Muttergesellschaft.

122. Die Schwelle für das Vorliegen einer nahestehenden Beziehung ist bei 25% angesetzt, allerdings hat das FHTP vereinbart, dies weiter zu prüfen. Dementsprechend gelten zwei Personen als einander nahestehend, wenn die erste Person eine Beteiligung von mindestens 25% an der zweiten Person hält oder wenn es eine dritte Person gibt, die eine Beteiligung von mindestens 25% an den beiden Personen hält. Eine Person gilt als Inhaber einer prozentualen Beteiligung am Kapital einer anderen Person, wenn besagte Person unmittelbar oder mittelbar

– über eine Beteiligung am Kapital weiterer Personen – einen Prozentsatz der Stimmrechte der anderen Person oder des Werts der Kapitalbeteiligungen dieser Person hält.

123. Die obige allgemeine, zweiteilige Regel gilt im Fall von *i)* Regelungen für Schifffahrtsgesellschaften, *ii)* Regelungen für das Bankwesen, *iii)* Regelungen für das Versicherungswesen, *iv)* Regelungen für Finanzierung und Leasing, *v)* Regelungen für das Fondsmanagement, *vi)* Regelungen für Unternehmenszentralen, *vii)* Regelungen für Vertriebszentren, *viii)* Regelungen für Dienstleistungszentren, *ix)* IP-Regelungen, *x)* Regelungen für Holdinggesellschaften sowie *xi)* sonstige Regelungen, die vom FHTP als präferenzielle Regelungen identifiziert wurden.

124. Die gleiche zweiteilige Regel für den Informationsaustausch gilt auch für *i)* grenzüberschreitende unilaterale APA und sonstige grenzüberschreitende unilaterale Vorabzusagen sowie *ii)* grenzüberschreitende Vorabzusagen, die eine einseitige Berichtigung nach unten vorsehen. In Bezug auf Vorabzusagen für Betriebsstätten werden die Informationen mit dem Ansässigkeitsstaat der Geschäftsleitung bzw. dem Staat der Betriebsstätte sowie dem Ansässigkeitsstaat der obersten Muttergesellschaft und der unmittelbaren Muttergesellschaft ausgetauscht. In Bezug auf Vorabzusagen für Durchlaufgesellschaften (Conduits) werden die Informationen ausgetauscht mit *i)* dem Ansässigkeitsstaat aller nahestehenden Dritten, die – direkt oder indirekt – Zahlungen an die Durchlaufgesellschaft leisten, *ii)* dem Ansässigkeitsstaat des tatsächlichen wirtschaftlichen Eigentümers bzw. Empfängers der an die Durchlaufgesellschaft geleisteten Zahlungen (bei dem es sich zumeist um die oberste Muttergesellschaft handelt), sowie *iii)* sofern nicht bereits unter *ii)* erfasst, dem Ansässigkeitsstaat *a)* der obersten Muttergesellschaft und *b)* der unmittelbaren Muttergesellschaft.

125. In der folgenden Tabelle sind in Bezug auf alle vorstehend erörterten Vorabzusagen die Staaten zusammengefasst, mit denen ein Informationsaustausch stattfinden sollte. Der ersten Spalte der Tabelle ist zu entnehmen, für welche steuerlichen Vorabzusagen die Verpflichtung zum spontanen Informationsaustausch besteht; in der zweiten Spalte ist angegeben, mit welchen Staaten Informationen ausgetauscht werden müssen.

Tabelle 5.1 **Zusammenfassung der Staaten, mit denen Informationen ausgetauscht werden müssen**

Welche steuerlichen Vorabzusagen sind betroffen?	Mit welchen Staaten müssen Informationen ausgetauscht werden?
1. Vorabzusagen in Bezug auf präferenzielle Regelungen **Regelungen für Schifffahrtsgesellschaften, für das Bankwesen, für das Versicherungswesen, für Finanzierung und Leasing, für das Fondsmanagement, für Unternehmenszentralen, für Vertriebszentren und für Dienstleistungszentren, IP-Regelungen, Regelungen für Holdinggesellschaften sowie sonstige Regelungen, die vom FHTP als präferenzielle Regelungen identifiziert werden.**	i. Ansässigkeitsstaaten sämtlicher nahestehender Dritter (Beteiligung von mindestens 25%), mit denen der Steuerpflichtige eine Transaktion tätigt, die einer steuerlichen Vorzugsbehandlung unterliegt oder bei der Einkünfte von nahestehenden Dritten bezogen werden, die eine Vorzugsbehandlung genießen (diese Regel gilt auch in einem Betriebsstättenkontext), sowie ii. Ansässigkeitsstaat a) der obersten Muttergesellschaft und b) der unmittelbaren Muttergesellschaft.
2. Grenzüberschreitende unilaterale APA und sonstige grenzüberschreitende unilaterale Vorabzusagen (wie z.B. ATR) zur Verrechnungspreisgestaltung oder zur Anwendung von Verrechnungspreisgrundsätzen.	i. Ansässigkeitsstaaten aller nahestehenden Dritten, mit denen der Steuerpflichtige Transaktionen durchführt, die unter die Vorabverständigung (APA) oder die grenzüberschreitende unilaterale Vorabzusage fallen, sowie ii. Ansässigkeitsstaat a) der obersten Muttergesellschaft und b) der unmittelbaren Muttergesellschaft.
3. Grenzüberschreitende Vorabzusagen, die eine Berichtigung nach unten der steuerpflichtigen Gewinne des Steuerpflichtigen in dem Staat vorsehen, der die Vorabzusage erteilt.	i. Ansässigkeitsstaaten aller nahestehenden Dritten, mit denen der Steuerpflichtige Transaktionen durchführt, die unter die Vorabzusage fallen, sowie ii. Ansässigkeitsstaat a) der obersten Muttergesellschaft und b) der unmittelbaren Muttergesellschaft.
4. Steuerliche Vorabzusagen für Betriebsstätten	i. Ansässigkeitsstaat der Geschäftsleitung bzw. Betriebsstättenstaat sowie ii. Ansässigkeitsstaat a) der obersten Muttergesellschaft und b) der unmittelbaren Muttergesellschaft.
5. Vorabzusagen für Durchlaufgesellschaften (Conduits) zwischen nahestehenden Unternehmen	i. Ansässigkeitsstaat aller nahestehenden Dritten, die – direkt oder indirekt – Zahlungen an die Durchlaufgesellschaft leisten; ii. Ansässigkeitsstaat des tatsächlichen wirtschaftlichen Eigentümers bzw. Empfängers der an die Durchlaufgesellschaft geleisteten Zahlungen (bei dem es sich zumeist um die oberste Muttergesellschaft handelt), sowie iii. sofern nicht bereits unter (ii) erfasst, Ansässigkeitsstaat a) der obersten Muttergesellschaft und b) der unmittelbaren Muttergesellschaft.

IV. Anwendung des Rahmens auf steuerliche Vorabzusagen[11]

Frühere steuerliche Vorabzusagen

126. Die Verpflichtung zum spontanen Informationsaustausch besteht nicht nur für künftige Vorabzusagen, sondern auch für frühere Vorabzusagen, die sich auf zurückliegende Jahre beziehen. Es wurde vereinbart, dass Informationen zu steuerlichen Vorabzusagen ausgetauscht werden müssen, die ab dem 1. Januar 2010 erteilt wurden und am 1. Januar 2014 oder danach noch in Kraft waren.

127. Um den Informationsaustausch mit den in Abschnitt III identifizierten betroffenen Staaten durchzuführen, müssen die Staaten in der Lage sein, nahestehende Dritte, die oberste Muttergesellschaft, die unmittelbare Muttergesellschaft und/oder den tatsächlichen wirtschaftlichen Eigentümer zu identifizieren. Für frühere Vorabzusagen wird in vielen

Fällen (z.B. bei unilateralen APA und sonstigen grenzüberschreitenden Vorabzusagen zu Verrechnungspreisfragen) ein Großteil der Informationen vorliegen, vor allem in Bezug auf nahestehende Dritte. Auch Informationen zur unmittelbaren und zur obersten Muttergesellschaft befinden sich üblicherweise im Besitz der Steuerverwaltung. Dies ist jedoch möglicherweise nicht für alle relevanten nahestehenden Dritten der Fall, z.B. bei steuerlichen Vorabzusagen bezüglich IP-Regelungen oder wenn sich eine Vorabverständigung mit den Verrechnungspreismethoden und nicht mit konkreten Transaktionen befasst hatte. In solchen Fällen haben die Staaten möglicherweise keine routinemäßige Identifizierung von nahestehenden Dritten vorgenommen, die Transaktionen tätigen.

128. Wenn eine steuerliche Vorabzusage keine hinreichenden Informationen enthält, um eine Identifizierung aller betroffenen Staaten, mit denen ein Informationsaustausch stattfinden muss, zu ermöglichen, wird von einem Staat nicht erwartet, dass er den Steuerpflichtigen kontaktiert, stattdessen kann er „sein Möglichstes" tun, um die Staaten zu identifizieren, mit denen Informationen über die Vorabzusage ausgetauscht werden müssen. Dazu müssen die Steuerverwaltungen die Informationen prüfen, die sich in ihrem Besitz befinden, z.B. in Vorabzusagen oder in der Akte des Steuerpflichtigen, einschließlich aller einschlägigen Verrechnungspreisdokumentation. Wenn sich solche Informationen nicht bereits in Besitz der Steuerverwaltung befinden, aber aus für die Steuerverwaltung leicht zugänglichen Quellen beschafft werden können (z.B. Unternehmensregistern), wird von den Steuerverwaltungen erwartet, dass sie ihre Anstrengungen auf diese Quellen ausdehnen.

Künftige steuerliche Vorabzusagen

129. Für künftige Vorabzusagen müssen die Staaten die nötigen Maßnahmen ergreifen, um sicherzustellen, dass sie über die nötigen Informationen zur Identifizierung der Staaten, mit denen ein Informationsaustausch stattfinden muss, verfügen bzw. sich diese beschaffen können. Für künftige Vorabzusagen kann dies bedeuten, dass die Staaten ihre Verfahren zu steuerlichen Vorabzusagen dahingehend ändern müssen, dass von den Steuerpflichtigen verlangt wird, diese Informationen im Rahmen des Vorabzusageverfahrens zu unterbreiten. In Anbetracht der Tatsache, dass Staaten, die Vorabzusagen erteilen, die in den Anwendungsbereich dieses Berichts fallen, ihre Vorabzusagepraktiken möglicherweise ändern müssen, gelten als künftige Vorabzusagen nur solche, die nach dem 1. April 2016 erteilt werden.

V. Auszutauschende Informationen

130. Ein weiterer Aspekt der Arbeiten des FHTP ist es, für die nötige größere Transparenz zu sorgen, ohne den Steuerverwaltungen damit einen zu großen Verwaltungsaufwand aufzubürden. Zu diesem Zweck wurde ein zweistufiges Verfahren für den Informationsaustausch vereinbart. Im ersten Schritt liefert die Steuerverwaltung eine Zusammenfassung sowie einige grundlegende Informationen über die betreffende steuerliche Vorabzusage. Dazu wird das Musterformular in Anhang C verwendet[12]. Durch die Nutzung eines einheitlichen Formulars wird das Verfahren gestrafft und vereinfacht.

131. Die erforderlichen Informationen, um das Formular auszufüllen, dokumentieren im Wesentlichen den Entscheidungsprozess, den die Steuerverwaltung, die die Vorabzusage erteilt hat, anstrengen muss, um *i)* zu bestimmen, ob die Vorabzusage in den Rahmen für den Informationsaustausch fällt, und *ii)* zu bestimmen, welchem Staat die Informationen zu der Vorabzusage übermittelt werden sollten. Dies geschieht in einem Format, das hauptsächlich auf Zahleneingaben und anzukreuzenden Feldern basiert, einschließlich Drop-down-Menüs,

falls eine elektronische Fassung verwendet wird. Es ist folglich so konzipiert, dass der zusätzliche Verwaltungs- und Zeitaufwand für die Steuerverwaltung, die die Vorabzusage erteilt, auf ein Mindestmaß reduziert wird, und dient zugleich als nützlicher, in allen Sprachen einfach zu verstehender Filter, ausgehend von dem die Steuerverwaltungen, die Informationen erhalten, entscheiden können, ob die steuerliche Vorabzusage selbst angefordert werden soll, was dann in einem zweiten Schritt geschehen würde.

VI. Konkrete Umsetzungsfragen

132. Der Sachstandsbericht von 2014 sah vor, dass der im Bericht dargelegte Rahmen nach der Herbsttagung 2014 des FHTP umgesetzt würde. Die Umsetzung des Rahmens für den verpflichtenden spontanen Informationsaustausch hat jedoch noch nicht begonnen, weil sich durch die Aufnahme zusätzlicher Kategorien steuerlicher Vorabzusagen der Umfang der Informationen, die ausgetauscht werden müssen, erhöht hat. Daher mussten der Umsetzungsprozess und die im Folgenden beschriebenen konkreten Umsetzungsfragen genauer untersucht werden.

Methode für den Informationsaustausch über künftige Vorabzusagen – regelmäßiger Austausch

133. Wenn ein Staat eine steuerliche Vorabzusage erteilt hat, für die die Verpflichtung zum spontanen Informationsaustausch besteht, muss er die einschlägigen Informationen zu dieser Vorabzusage so rasch wie möglich und spätestens innerhalb einer Frist von drei Monaten ab dem Datum übermitteln, an dem die Vorabzusage der zuständigen Behörde des Staats, der sie erteilt hat, vorliegt. Die Staaten müssen zudem geeignete Systeme einrichten, um sicherzustellen, dass steuerliche Vorabzusagen ihrer zuständigen Behörde unverzüglich übermittelt werden.

134. Kommt es allerdings zu Verzögerungen durch rechtliche Hindernisse (z.B. wegen einer gesetzlichen Auflage, den Steuerpflichtigen zu benachrichtigen, eines vom Steuerpflichtigen eingereichten Widerspruchs gegen den Informationsaustausch oder eines sonstigen gerichtlichen Verfahrens), verlängert sich die dreimonatige Frist, wobei der betreffende Staat die Informationen jedoch unverzüglich übermitteln sollte, sobald das rechtliche Hindernis ausgeräumt ist.

Methode für den Informationsaustausch über frühere Vorabzusagen

135. Informationen zu steuerlichen Vorabzusagen, die ab dem 1. Januar 2010 erteilt wurden und am 1. Januar 2014 oder danach noch in Kraft waren, müssen ebenfalls ausgetauscht werden. Dies gilt auch für Vorabzusagen, die während dieses Zeitraums geändert wurden. Der entsprechende Prozess sollte Ende 2016 abgeschlossen sein[13]. So sie dies wünschen, können die Staaten den Informationsaustausch über frühere Vorabzusagen in mehreren Schritten durchführen, vorausgesetzt der Informationsaustausch ist bis Ende 2016 abgeschlossen.

VII. Gegenseitigkeit

136. Ein auf Gegenseitigkeit beruhender Ansatz im Bereich des Informationsaustauschs bietet eine Reihe von Vorteilen. Die Vorteile der Gegenseitigkeit scheinen allerdings nicht von Bedeutung zu sein, wenn nur das Rechtssystem bzw. die Verwaltungspraxis einer der Staaten ein spezifisches Verfahren vorsieht. Deshalb kann ein Staat, der eine steuerliche Vorabzusage erteilt hat, für die die Verpflichtung zum spontanen Informationsaustausch besteht, fehlende

Gegenseitigkeit nicht als Argument dafür anführen, dass er einem betroffenen Staat nicht spontan Informationen übermittelt, wenn der betroffene Staat selbst keine Vorabzusagen erteilt, für die die Verpflichtung zum spontanen Informationsaustausch bestehen würde, und folglich auch keine Informationen zu solchen Vorabzusagen übermitteln kann[14]. Dies setzt natürlich voraus, dass sich der betroffene Staat verpflichtet, den Rahmen anzuwenden und spontan Informationen zu übermitteln, falls er Vorabzusagen erteilen sollte, die die Verpflichtung zum spontanen Informationsaustausch auslösen würden.

VIII. Vertraulichkeit der übermittelten Informationen

137. Sowohl der übermittelnde Staat als auch seine Steuerpflichtigen haben das Recht zu erwarten, dass die im vorliegenden Rahmen übermittelten Informationen vertraulich bleiben. Der erhaltende Staat muss daher über den erforderlichen Rechtsrahmen zum Schutz der übermittelten Informationen verfügen.

138. Alle Abkommen und Instrumente für den Informationsaustausch enthalten Bestimmungen zur steuerlichen Vertraulichkeit sowie die Verpflichtung, die übermittelten Informationen vertraulich zu behandeln. Nach diesen Bestimmungen dürfen die Informationen nur für bestimmte Zwecke verwendet und nur bestimmten Personen zugänglich gemacht werden. Die Partner des Informationsaustausches können den Austausch aussetzen oder seinen Anwendungsbereich begrenzen, wenn keine geeigneten Schutzmaßnahmen getroffen wurden oder wenn gegen die Vertraulichkeitsvorschriften verstoßen wurde und sie nicht zu der Überzeugung gelangt sind, dass das Problem in geeigneter Weise behoben wurde.

139. Im erhaltenden Staat müssen nationale Rechtsvorschriften existieren, die die Vertraulichkeit steuerlicher Informationen, einschließlich von Informationen, die im Rahmen eines Informationsaustauschs übermittelt werden, sichern. Für den Fall einer nicht autorisierten Weitergabe übermittelter vertraulicher Informationen müssen wirkungsvolle Strafen vorgesehen sein.

140. Die im vorliegenden Rahmen ausgetauschten Informationen dürfen nur für steuerliche Zwecke oder sonstige Zwecke genutzt werden, die das entsprechende Instrument für den Informationsaustausch gestattet. Wenn das innerstaatliche Recht eine umfassendere Nutzung der Informationen zulässt als das anzuwendende Instrument, wird erwartet, dass internationale Bestimmungen und Instrumente Vorrang vor den Bestimmungen des innerstaatlichen Rechts haben.

IX. Optimale Verfahrensweisen („Best Practices“)[15]

141. Die folgenden optimalen Verfahrensweisen sollen die Transparenzfortschritte stärken, die durch den OECD-Rahmen für den verpflichtenden spontanen Informationsaustausch über steuerliche Vorabzusagen erzielt werden. Sie gelten sowohl für allgemein gültige als auch für individuelle grenzüberschreitende Vorabzusagen[16], sofern keine geeigneten Unterscheidungen zwischen individuellen steuerlichen Vorabzusagen, Vorabverständigungen über die Verrechnungspreisgestaltung (APA) und allgemein gültigen steuerlichen Vorabzusagen vorgenommen werden. Wenn keine solchen Unterscheidungen vorgenommen werden, gelten die optimalen Verfahrensweisen für alle grenzüberschreitenden Vorabzusagen, die unter die Definition einer steuerlichen Vorabzusage in diesem Kapitel fallen[17].

A. Prozess der Erteilung einer steuerlichen Vorabzusage

a) Amtliche Regeln und Verwaltungsverfahren für steuerliche Vorabzusagen sollten im Voraus identifiziert und veröffentlicht werden und Folgendes umfassen: *i)* die Bedingungen für die Anwendbarkeit des Vorabzusageverfahrens, *ii)* die Gründe für die Versagung einer Vorabzusage, *iii)* ggf. die Gebührenstruktur, *iv)* die rechtlichen Folgen des Erhalts einer Vorabzusage, *v)* mögliche Sanktionen im Falle unvollständiger oder falscher Angaben des Steuerpflichtigen, *vi)* die Bedingungen für die Zurücknahme, Aufhebung oder Änderung einer steuerlichen Vorabzusage sowie *vii)* alle weiteren Hinweise, die für notwendig erachtet werden, um sicherzustellen, dass die Regeln hinreichend umfassend und klar für die Steuerpflichtigen und deren Berater sind.

b) Die Erteilung steuerlicher Vorabzusagen sowie die Ausübung von administrativem Ermessen sollte nur innerhalb der Grenzen und im Einklang mit den innerstaatlichen steuerrechtlichen Bestimmungen und Verwaltungsverfahren erfolgen und sollte sich darauf beschränken, festzulegen, wie die betreffende rechtliche Bestimmung und/oder alle etwaigen Verwaltungsverfahren auf eine oder mehrere konkrete, vom Steuerpflichtigen beabsichtigte, geplante oder durchgeführte Tätigkeiten oder Transaktionen anzuwenden sind.

c) Steuerliche Vorabzusagen sollten allen geltenden internationalen Verpflichtungen gerecht werden, die in die innerstaatlichen steuerrechtlichen Bestimmungen aufgenommen wurden, so z.B. Verpflichtungen im Rahmen einschlägiger bilateraler Abkommen.

d) Steuerliche Vorabzusagen sollten schriftlich erteilt werden.

e) Steuerliche Vorabzusagen sollten nur von der dafür zuständigen staatlichen Stelle oder Behörde erteilt werden. Wenn eine steuerliche Vorabzusage von einer anderen staatlichen Stelle erteilt wird, sollte sie der Zustimmung der zuständigen Behörde unterliegen.

f) Es wird empfohlen, dass mindestens zwei öffentlich Bedienstete an der Entscheidung über die Erteilung einer Vorabzusage beteiligt sind oder dass zumindest ein zweistufiges Prüfverfahren für die Entscheidung vorgesehen ist, vor allem in Fällen, in denen die geltenden Regeln und Verwaltungsverfahren ausdrücklich auf das Ermessen bzw. die Urteilsbefugnis eines der zuständigen öffentlich Bediensteten verweisen.

g) Steuerliche Vorabzusagen sollten für die Steuerverwaltung bindend sein (soweit dies nach innerstaatlichem Recht zulässig ist[18]), vorausgesetzt dass die geltenden gesetzlichen Bestimmungen und Verwaltungsverfahren sowie die Informationen zur Sachlage, auf denen die Vorabzusage basiert, sich nach deren Erteilung nicht ändern.

h) Die Steuerpflichtigen sollten eine steuerliche Vorabzusage schriftlich beantragen und eine komplette Beschreibung der Tätigkeiten und Transaktionen liefern, für die die Vorabzusage beantragt wird. Die Informationen sollten in eine Akte zum Antrag einer steuerlichen Vorabzusage aufgenommen werden (die „Ruling File"). Die Ruling File sollte auch Informationen zu den Methoden und Sachverhalten enthalten, auf denen die Bestimmung der entscheidenden Faktoren für die Beurteilung der Steuerverwaltung basierte (z.B. Verrechnungspreise, Preisaufschläge, Zinssätze, Gewinnspannen). Häufig gelten sehr spezifische Dokumentationsanforderungen für APA oder sonstige Vorabzusagen zu Verrechnungspreisfragen. Sämtliche zusätzliche Informationen oder relevante Sachverhalte, die der Steuerbehörde zur Kenntnis gebracht werden (z.B. in Besprechungen oder mündlichen Präsentationen), sollten schriftlich aufgezeichnet und ebenfalls in die Akte aufgenommen werden.

i) Informationen zum Antragsteller (einschließlich Name, Steuersitz, Steueridentifikationsnummer des Steuerpflichtigen sowie Handelsregisternummer im Fall von Unternehmen) sowie zu den beteiligten Steuerberatern/Steuerexperten sollten in die Ruling File und/oder die Vorabzusage selbst aufgenommen werden.

j) Bevor die Entscheidung getroffen wird, sollten die Person bzw. die Personen, die die Vorabzusage erteilen, überprüfen, dass die Beschreibung der Gegebenheiten und Umstände ausreichend ist und das beabsichtigte Ergebnis der steuerlichen Vorabzusage rechtfertigt. Sie sollten auch prüfen, dass das Ergebnis der Vorabzusage mit früheren Vorabzusagen zu ähnlichen Rechtsfragen und Sachverhalten übereinstimmt.

B. *Laufzeit der steuerlichen Vorabzusage und anschließendes Prüfverfahren*

a) APA sollten nur für einen befristeten Zeitraum erteilt werden und sollten einer Prüfung unterzogen werden, bevor sie verlängert werden.

b) Die Steuerpflichtigen sollten die Steuerbehörde über alle wesentlichen Änderungen der Gegebenheiten und Umstände informieren, auf die sich eine individuelle steuerliche Vorabzusage (einschließlich einer Vorabverständigung über die Verrechnungspreisgestaltung) gründete, und zwar frühestmöglich, damit die Steuerverwaltung beurteilen kann, ob die betreffenden Informationen einem anderen Staat übermittelt werden müssen. Im Rahmen dieses Benachrichtigungsverfahrens sollten die Steuerpflichtigen die Steuerverwaltungen über alle wesentlichen Änderungen hinsichtlich der nahestehenden Dritten, mit denen sie Geschäftsbeziehungen unterhalten (in den Geltungsbereich der Vorabzusage fallende Transaktionen), sowie sonstige Veränderungen in Kenntnis setzen, die Auswirkungen darauf haben könnten, mit wem Informationen ausgetauscht werden müssen.

c) Es sollten wirksame Verwaltungsverfahren existieren, um regelmäßig zu überprüfen, dass die Informationen zur Sachlage und die Annahmen, die bei der Erteilung einer individuellen Vorabzusage zu Grunde gelegt wurden, während der gesamten Gültigkeitsdauer der Vorabzusage zutreffend bleiben. Dies könnte insbesondere im Fall von Vorabverständigungen über die Verrechnungspreisgestaltung notwendig sein, wenn zu Grunde gelegte Annahmen und Entscheidungen durch Änderungen der wirtschaftlichen Gegebenheiten beeinflusst werden könnten.

d) Steuerliche Vorabzusagen sollten unter den folgenden Umständen Gegenstand einer Prüfung, Widerrufung oder Aufhebung werden:

   1. wenn der Steuerpflichtige bei der Beantragung der Vorabzusage Sachverhalte falsch darstellt oder zu erwähnen versäumt hat und dies die Gültigkeit der Vorabzusage in Frage stellt;

   2. wenn sich die einschlägigen Gesetze ändern;

   3. wenn es zu einer relevanten und wesentlichen Änderung *i)* der Gegebenheiten und Umstände, auf die sich die Vorabzusage gründete, oder *ii)* der Gültigkeit der angestellten Annahmen kommt.

C. Publizität und Informationsaustausch

a) Allgemein gültige steuerliche Vorabzusagen sollten veröffentlicht und anderen Steuerverwaltungen und Steuerpflichtigen leicht zugänglich gemacht werden. Idealerweise sollten allgemein gültige Vorabzusagen auf der Website der Steuerverwaltung veröffentlicht werden. Falls keine vollständige Veröffentlichung erfolgt, könnten auf der Website kurze Zusammenfassungen mit Links erscheinen, über die man zum kompletten Text der Vorabzusagen gelangt. Zudem sollten die veröffentlichten allgemein gültigen Vorabzusagen durch eine kurze Übersicht in einer der Amtssprachen der OECD ergänzt werden. Die Veröffentlichung sollte zum frühestmöglichen Zeitpunkt nach Erteilung der Vorabzusage und nach Möglichkeit innerhalb von sechs Monaten erfolgen.

b) Für individuelle steuerliche Vorabzusagen sollte die betreffende Behörde, falls die erteilte Vorabzusage in den OECD-Rahmen für den verpflichtenden spontanen Informationsaustausch über Vorabzusagen oder unter eine andere geltende Verpflichtung für den Informationsaustausch fällt (z.B. nach EU-Recht oder bilateralen Abkommen), die Vorabzusage unverzüglich an ihre zuständige Behörde weiterleiten, damit diese die Informationen zu der steuerlichen Vorabzusage so rasch wie möglich und spätestens innerhalb von drei Monaten, nachdem ihr die Vorabzusage vorliegt (vorbehaltlich etwaiger rechtlicher Hindernisse), an alle betroffenen Staaten weiterleiten kann.

Anmerkungen

1. Wegen Informationen zum Übereinkommen über die gegenseitige Amtshilfe in Steuersachen vgl. *www.oecd.org/tax/exchange-of-tax-information/conventiononmutualadministrativeassistanceintaxmatters.htm.*

2. Diese Definition stammt aus Ziffer 161 der CAN, S. 47, und wurde (in etwas anderer Übersetzung) auch in den Sachstandsbericht von 2014, S. 44, aufgenommen.

3. In ihrer anonymisierten oder redigierten Form fallen solche Steuervorbescheide unter die Kategorie der „allgemein gültigen Vorabzusagen", es sei denn, sie wurden in Wirklichkeit als Antwort auf einen Antrag eines bestimmten Steuerpflichtigen verfasst. In ihrer nichtanonymisierten, nichtredigierten Form gehören solche Steuervorbescheide selbstverständlich zur Kategorie der „individuellen Vorabzusagen".

4. APA können die Zurechnung von Gewinnen im Einklang mit Artikel 7 des OECD-Musterabkommens (*OECD Model Tax Convention on Income and on Capital: Condensed Version 2014* , OECD, 2014b) sowie die Verrechnungspreisgestaltung zwischen verbundenen Unternehmen bestimmen. Solche APA fallen für die Zwecke der Verpflichtung zum spontanen Informationsaustausch über Vorabzusagen ebenfalls unter die Definition des Begriffs „Vorabzusage".

5. Vgl. Definition des Begriffs „Vorabverständigung über die Verrechnungspreisgestaltung" im ersten Satz von Ziffer 4.123 der Verrechnungspreisleitlinien, S. 191.

6. Vgl. Ziffer 3 des Anhangs zu Kapitel IV der Verrechnungspreisleitlinien. S. 330.

7. Rechtsvorschriften und Verwaltungspraxis umfassen Gesetze (einschließlich der einschlägigen Abkommensbestimmungen), Rechtsprechung, Verordnungen, Verwaltungsanweisungen und Verwaltungsverfahren.

8. Vgl. Abschnitt III dieses Kapitels.

9. Vgl. Ziffer 152 der CAN, S. 45.

10. Vgl. Ziffer 153 der CAN, S. 45.

11. Staaten, die derzeit nicht über den notwendigen gesetzlichen Rahmen für den spontanen Informationsaustausch über steuerliche Vorabzusagen verfügen, die in den Anwendungsbereich dieses Kapitels fallen, werden einen solchen Rahmen einrichten müssen, um ihren Verpflichtungen nach Aktionspunkt 5 nachzukommen. In solchen Fällen unterliegen die in diesem Abschnitt genannten Fristen dem Gesetzesrahmen des betreffenden Staates. Dabei wird auch den Terminen für das Inkrafttreten und die effektive Umsetzung der Bestimmungen der einschlägigen Instrumente für den Informationsaustausch Rechnung getragen.
12. Die OECD wird das Musterformular in ein XML-Schema übersetzen, das durch eine Benutzeranleitung ergänzt wird und für umfangreichere Formularübermittlungen genutzt werden kann.
13. Bezüglich der Fristen in diesem Abschnitt vgl. Anmerkung 11.
14. Vgl. OECD Model Tax Convention, Ziffer 15.1 des Kommentars zu Artikel 26, S. 427, wo dieses Prinzip in Bezug auf den Informationsaustausch auf Ersuchen dargelegt ist.
15. Um die optimalen Verfahrensweisen anzuwenden, sind möglicherweise Änderungen im innerstaatlichen Recht oder in der aktuellen Vorabzusagepraxis erforderlich.
16. Wo immer in diesem Abschnitt zu den optimalen Verfahrensweisen von allgemein gültigen Vorabzusagen die Rede ist, sind grenzüberschreitende allgemein gültige Vorabzusagen gemeint. Eine steuerliche Vorabzusage gilt als grenzüberschreitende Vorabzusage, wenn sie unter eine der sechs Kategorien von Tabelle 5.1 fällt.
17. Vgl. Ziffer 95 mit der Definition einer „steuerlichen Vorabzusage".
18. Steuerliche Vorabzusagen können nicht bindend sein, wenn die Steuerbehörde einen Fehler bei der Rechtsauslegung oder -anwendung gemacht hat, wenn sie ihre Vorabzusage im Wege einer schriftlichen Benachrichtigung zurückgenommen hat, die nur vorauswirkenden Effekt hat, oder wenn eine Vorabzusage den internationalen Verpflichtungen des betreffenden Staats zuwiderläuft.

Literaturverzeichnis

Europäische Union (2011), Richtlinie 2011/16/EU des Rates vom 15. *Februar 2011*, *http://eur-lex.europa.eu/legal-content/DE/TXT/?uri=celex:32011L0016* (Zugriff am 20. Juli 2015).

OECD (2014a), *Wirksamere Bekämpfung schädlicher Steuerpraktiken unter Berücksichtigung von Transparenz und Substanz*, OECD Publishing, Paris, *http://dx.doi.org/10.1787/9789264223455-de.*

OECD (2014b), *Model Tax Convention on Income and on Capital: Condensed Version 2014*, OECD Publishing, Paris, *http://dx.doi.org/10.1787/mtc_cond-2014-en.*

OECD (2011), *OECD-Verrechnungspreisleitlinien für multinationale Unternehmen und Steuerverwaltungen 2010*, OECD Publishing, Paris, *http://dx.doi.org/10.1787/9789264125483-de.*

OECD (2010), *The Multilateral Convention on Mutual Administrative Assistance in Tax Matters Amended by the 2010 Protocol*, OECD Publishing, Paris, http://dx.doi.org/10.1787/9789264115606-en.

OECD (2004), *Consolidated Application Note: Guidance in Applying the 1998 Report to Preferential Tax Regimes*, OECD, *www.oecd.org/ctp/harmful/30901132.pdf.*

OECD (2001), *Towards Global Tax Co-operation: Progress in Identifying and Eliminating Harmful Tax Practices*, OECD Publishing, Paris, *http://dx.doi.org/10.1787/9789264184541-en.*

OECD (1998), *Harmful Tax Competition: An Emerging Global Issue*, OECD Publishing, Paris, *http://dx.doi.org/10.1787/9789264162945-en.*

Kapitel 6

Prüfung der Regelungen von OECD-Mitgliedstaaten und assoziierten Staaten

I. Einführung

142. Die aktuelle Prüfung der Regelungen der OECD-Staaten begann Ende 2010 mit der Vorbereitung einer vorläufigen Erhebung über präferenzielle Regelungen in OECD-Mitgliedstaaten auf der Grundlage öffentlich zugänglicher Informationen und ohne Beurteilung der potenziellen Schädlichkeit der berücksichtigten Regelungen. Anschließend wurden auf Ersuchen von OECD-Staaten, die eigene Regelungen prüfen ließen, sowie von anderen OECD-Staaten weitere Regelungen in den Prüfungsprozess aufgenommen.

143. Jeder OECD-Staat wurde aufgefordert, unter Anwendung eines Standardmodells eine Beschreibung seiner Regelungen und eine Eigenprüfung vorzulegen. Auf die Eigenprüfungen folgten ausführliche Analysen und Peer Reviews. Die Prüfungen stützten sich auf die im Bericht von 1998 (OECD, 1998) festgelegten Grundsätze und Faktoren sowie, wo dies erforderlich war, auf relevante wirtschaftliche Erwägungen. Mit der Verabschiedung des BEPS-Aktionsplans (OECD, 2014) schlossen sich die G20-Staaten gleichberechtigt den Arbeiten der OECD-Staaten an. Die Prüfungen wurden ausgedehnt, um sich auf OECD-Staaten und assoziierte Staaten zu erstrecken, und wurden wie folgt fortgesetzt:

- IP-Regelungen: Da alle IP-Regelungen in den OECD-Staaten und den assoziierten Staaten zusammen geprüft wurden, wurden sie nicht nur mit Blick auf die zuvor angewendeten Faktoren, sondern auch unter Berücksichtigung des genauer ausgearbeiteten Kriteriums der wesentlichen Geschäftstätigkeit, das in Kapitel 4 dieses Berichts beschrieben ist, geprüft.
- Sonstige Regelungen: Da die aktuelle Prüfung vor der Veröffentlichung des BEPS-Aktionsplans begann, wurden alle Regelungen sowohl von OECD-Staaten als auch von assoziierten Staaten anhand der Kriterien beurteilt, wie sie zuvor angewandt wurden, so dass die Anwendung eines konsistenten Ansatzes für vergleichbare Regelungen, wie beispielsweise Regelungen für Holdinggesellschaften, gewährleistet war. Was Regelungen betrifft, bei denen es sich nicht um IP-Regelungen handelt, wurde das genauer ausgearbeitete Kriterium der wesentlichen Geschäftstätigkeit noch nicht angewandt, das FHTP plant jedoch, dies zu tun.
- Steuerliche Vorabzusagen: Das FHTP hat sich auf einen Rahmen geeinigt, der auf Vorabzusagen von OECD- und assoziierten Staaten angewandt werden wird.

144. Die verschiedenen Aspekte der Arbeiten des FHTP sind für die Staaten mit unterschiedlichen Anforderungen in Bezug auf die einzelnen Regelungen verbunden. Selbst

wenn eine Regelung beispielsweise mit dem in Kapitel 4 dargelegten Nexus-Ansatz im Einklang steht, muss ein Staat immer noch Informationen über Vorabzusagen hinsichtlich dieser Regelung nach dem in Kapitel 5 beschriebenen Rahmen übermitteln.

II. Schlussfolgerungen hinsichtlich der Regelungen auf subnationaler Ebene und der Frage ihrer Berücksichtigung

145. Im Verlauf der aktuellen Prüfung stellte sich die Frage, ob subnationale Regelungen, die nur auf subnationaler Ebene Steuervergünstigungen bieten, in den Arbeitsbereich des FHTP fallen. Da das Eingangskriterium des inexistenten oder geringen effektiven Steuersatzes den kombinierten effektiven Steuersatz auf nationaler und subnationaler Ebene betrifft, liegt eine subnationale Regelung außerhalb des Arbeitsbereichs des FHTP, wenn der Steuersatz auf nationaler oder subnationaler Ebene allein das Kriterium des inexistenten oder geringen effektiven Steuersatzes nicht erfüllt.

146. Der Bericht von 1998 schließt subnationale Regelungen jedoch nicht grundsätzlich vom Rahmen der Arbeiten des FHTP aus, und aus den bisherigen Arbeiten des FHTP ergeben sich keinerlei Argumente dafür, Regelungen auf subnationaler Ebene vom Arbeitsbereich des FHTP auszuschließen. Es stünde außerdem im Widerspruch zu dem breiter gefassten Ziel des Berichts von 1998, „gleiche Spielregeln für alle" zu schaffen[1], wenn Regelungen, die nur Steuervergünstigungen auf subnationaler Ebene bieten, vom Arbeitsbereich des FHTP ausgeschlossen würden, insbesondere wenn der Steuersatz auf subnationaler Ebene einen erheblichen Anteil des kombinierten effektiven Steuersatzes darstellt (oder darstellen könnte, falls Ermessenspielraum bei der Festsetzung des Steuersatzes besteht). Unter Berücksichtigung dieses Sachverhalts beschloss das FHTP, subnationale Regelungen in seinen Arbeitsbereich aufzunehmen, falls die beiden folgenden Kriterien erfüllt sind:

a) Die nationale Regierung ist letztlich für die allgemeine Ausgestaltung der betreffenden Regelung verantwortlich und lässt der subnationalen Ebene nur begrenzten Spielraum bei der Entscheidung über ihre Einführung und/oder hinsichtlich der wesentlichen Merkmale der Regelung. Der Grund für dieses Kriterium ist, dass es in einem solchen Fall keinen grundlegenden Unterschied zwischen der betreffenden Regelung und auf nationaler Ebene verabschiedeten und verwalteten Regelungen gibt.

b) Der Steuersatz auf subnationaler Ebene stellt einen erheblichen Anteil des kombinierten Steuersatzes dar (oder könnte einen erheblichen Anteil darstellen, falls Ermessensspielraum bei der Festsetzung des Steuersatzes besteht), und der kombinierte effektive Steuersatz auf nationaler und subnationaler Ebene erfüllt das Kriterium des inexistenten oder geringen effektiven Steuersatzes.

III. Schlussfolgerungen hinsichtlich der geprüften Regelungen

147. Der Prüfungsprozess des FHTP umfasst die folgenden 43 präferenziellen Regelungen. In den nachstehenden Tabellen sind die Staaten und die entsprechenden Regelungen sowie die getroffenen Schlussfolgerungen aufgeführt.

Tabelle 6.1 **IP-Regelungen**

	Staat	Regelung	Schlussfolgerung
1.	Belgien	Steuerermäßigung für Patenteinnahmen	Vgl. den Absatz unter dieser Tabelle
2.	China (Volksrepublik)	Ermäßigter Steuersatz für im Bereich der Hochtechnologien und neuen Technologien tätige Unternehmen	
3.	Frankreich	Reduzierter Steuersatz für langfristige Veräußerungsgewinne und Gewinne aus der Lizenzierung von geistigen Eigentumsrechten	
4.	Israel	Preferred Company Regime	
5.	Italien	Patentbox	
6.	Kolumbien	Regelung für Software	
7.	Luxemburg	Teilweise Befreiung von Einkünften/Gewinnen aus bestimmten geistigen Eigentumsrechten	
8.	Niederlande	Innovationsbox	
9	Portugal	Teilweise Befreiung von Einkünften aus bestimmten immateriellen Vermögenswerten	
10.	Schweiz – Kanton Nidwalden	Lizenzbox	
11.	Spanien	Teilweise Befreiung von Einkünften aus bestimmten immateriellen Werten	
12.	Spanien – Baskenland	Teilweise Befreiung von Einkünften aus bestimmten immateriellen Werten	
13.	Spanien – Navarra	Teilweise Befreiung von Einkünften aus bestimmten immateriellen Werten	
14.	Türkei	Sonderzonen für Technologieentwicklung	
15.	Ungarn	IP-Regelung für Lizenzgebühren und Veräußerungsgewinne	
16.	Vereinigtes Königreich	Patentbox	

148. Die in Tabelle 6.1 genannten IP-Regelungen wurden alle nach den Kriterien des Berichts von 1998 sowie dem genauer ausgearbeiteten Kriterium der wesentlichen Geschäftstätigkeit geprüft. Diese Regelungen laufen dem Nexus-Ansatz, wie er in diesem Bericht beschrieben ist, ganz oder teilweise zuwider. Dies ist darauf zurückzuführen, dass die Einzelheiten des Nexus-Ansatzes im Gegensatz zu anderen Aspekten der Arbeiten zu schädlichen Steuerpraktiken erst in diesem Bericht abschließend geklärt wurden, während die Regelungen schon früher entworfen worden waren. Staaten mit solchen Regelungen werden nun mögliche Änderungen der relevanten Merkmale ihrer Regelungen prüfen[2]. Wenn keine Änderungen vorgenommen werden, wird das FHTP die nächsten Schritte seiner Prüfung einleiten.

149. Der vorliegende Bericht definiert auch, was im Kontext von Regelungen, die sich nicht auf geistiges Eigentum beziehen, unter wesentlicher Geschäftstätigkeit zu verstehen ist; allerdings wurde diese Analyse, wie vorstehend bereits erwähnt, noch nicht auf die betreffenden Regelungen angewandt. Das FHTP wird weitere Arbeiten durchführen, um zu untersuchen, in welchen Fällen es nötig sein könnte, Regelungen im Licht des vereinbarten Kriteriums der wesentlichen Geschäftstätigkeit, wie es auf andere Regelungen als IP-Regelungen Anwendung findet, neu zu prüfen.

Tabelle 6.2 **Sonstige Regelungen**

	Staat	Regelung	Schlussfolgerung
17.	Argentinien	Förderregelung für die Softwarebranche	Nicht schädlich
18.	Australien	*Conduit Foreign Income Regime*	Nicht schädlich
19.	Brasilien	PADIS – Halbleiterbranche	Nicht schädlich
20.	China (Volksrepublik)	Ermäßigter Steuersatz für Dienstleistungs-unternehmen, die in fortgeschrittenen Technologien tätig sind	Nicht schädlich
21.	Griechenland	Hoch- und Tiefbauvorhaben im Ausland	Nachgebessert
22.	Indien	Steuerabzüge für bestimmte Einkünfte von Offshore Banking Units und Geschäftseinheiten internationaler Finanzdienstleistungszentren (*Deductions in respect of certain incomes of offshore banking units and international financial services centre*)	Nicht schädlich
23.	Indien	Sonderbestimmungen für neu eingerichtete Unternehmenseinheiten in Sonderwirtschaftszonen	Nicht schädlich
24.	Indien	Sonderbestimmungen für Einkünfte von Schifffahrtsgesellschaften – Tonnagesteuerregelung	Nicht schädlich
25.	Indien	Besteuerung von Gewinnen von Lebensversicherungsunternehmen	Nicht schädlich
26.	Indonesien	Regelung für börsennotierte Unternehmen	Wird derzeit überprüft
27.	Indonesien	Investitionsfreibetragsregelung	Wird derzeit überprüft
28.	Indonesien	Regelung für Sonderwirtschaftszonen	Wird derzeit überprüft
29.	Indonesien	Befristete Steuerbefreiung	Wird derzeit überprüft
30.	Japan	Sonderzonen für die Förderung der internationalen Wettbewerbsfähigkeit	Nicht schädlich[3]
31.	Japan	Maßnahmen zur Förderung von Forschung und Entwicklung	Nicht schädlich[4]
32.	Kanada	Regelung für Lebensversicherungen	Potenziell schädlich, jedoch nicht tatsächlich schädlich
33.	Kolumbien	Regelung für ausländische Beteiligungsinvestitionen	Nicht schädlich[5]
34.	Lettland	Regelung für die Besteuerung der Schifffahrt	Nicht schädlich
35.	Luxemburg	Verwaltungsgesellschaft für Familienvermögen (*Société de gestion de patrimoine familial*)	Nicht schädlich[6]
36.	Luxemburg	Risikoanlagegesellschaft (*Société d'investissement en capital à risque*)	Nicht schädlich[7]
37.	Schweiz – kantonale Ebene	Sonderregelung für Verwaltungsgesell-schaften (zuvor Domizilgesellschaften)	Wird derzeit abgeschafft[8]
38.	Schweiz – kantonale Ebene	Regelung für gemischte Gesellschaften	Wird derzeit abgeschafft[9]
39.	Schweiz – kantonale Ebene	Regelung für Holdinggesellschaften	Wird derzeit abgeschafft[10]
40.	Schweiz – Bundesebene	Prinzipalgesellschaften	Wird derzeit abgeschafft[11]
41.	Südafrika	Unternehmenszentralen	Potenziell schädlich, jedoch nicht tatsächlich schädlich
42.	Südafrika	Steuerbefreiung für Einkünfte aus im internationalen Seeverkehr eingesetzten Schiffen	Nicht schädlich
43.	Türkei	Regelung für die Schifffahrt	Nicht schädlich[12]

IV. Regelungen für strukturschwache Regionen

150. Einige Länder (z.B. die Schweiz[13] und Lettland[14]) haben steuerliche Anreizregelungen eingeführt, die die Entwicklung strukturschwacher Regionen fördern sollen. Solche Regelungen sehen zwar nicht speziell eine Vorzugsbehandlung für Einkünfte aus geistigem Eigentum vor, sie können solche Einkünfte aber einschließen (oder nicht konkret ausschließen). Das FHTP ist zu der Ansicht gelangt, dass solche Regelungen, vorausgesetzt sie werden bestimmten Anforderungen gerecht, kein hohes BEPS-Risiko beinhalten, aber dennoch einer Beobachtung unterzogen werden sollten. Diese Regelungen werden nicht weiter geprüft werden, sofern es keine Anzeichen für negative wirtschaftliche Effekte gibt. Um als eine solche wenig risikoträchtige Regelung für strukturschwache Regionen angesehen zu werden, muss eine Regelung die folgenden kumulativen Bedingungen erfüllen: *i)* die steuerliche Vorzugsbehandlung gilt nur für ein relativ kleines Gebiet (bezogen auf Fläche und/oder Einwohnerzahl), das auf Grund seiner im Verhältnis zum gesamten Land relativ geringen strukturellen, wirtschaftlichen und sozialen Entwicklung ausgewählt wurde; *ii)* die Regelung dient in erster Linie dazu, neue Arbeitsplätze zu schaffen und materielle Investitionen anzulocken, und wurde nicht entwickelt, um IP- oder sonstige mobile Einkünfte anzulocken; *iii)* ein Unternehmen muss erhebliche Substanzanforderungen erfüllen, um Anspruch auf die steuerliche Vorzugsbehandlung zu erhalten (beispielsweise muss es nachweisen, dass es neue Arbeitsplätze, Vermögenswerte und Investitionen schafft); *iv)* der Staat verpflichtet sich zur Aufbewahrung relevanter Daten (z.B. zur Zahl der Unternehmen, die die Regelung geltend machen, zu den Branchen, in denen sie tätig sind, sowie zur Gesamthöhe der steuerbefreiten Einkünfte), um eine Beobachtung der Auswirkungen der Regelung im Hinblick auf die Kriterien des FHTP zu gestatten.

V. Berichtigungen nach unten

151. Das FHTP hat sich mit Regelungen bezüglich der Behandlung von informellem Kapital (Informal Capital Regimes) oder überhöhten Gewinnen (Excess Profit Regimes) befasst. Es kam überein, dass mangelnde Transparenz das Hauptproblem bei solchen Regelungen sei. Daher wurde vereinbart, dass zusätzlich zum Informationsaustausch über Vorabzusagen bezüglich Berichtigungen nach unten auch Informationen über entsprechende Korrekturen ausgetauscht werden sollten, bei denen keine Vorabzusage erteilt wurde. Auf dieser Grundlage kam das FHTP zu dem Schluss, dass es zum gegenwärtigen Zeitpunkt nicht nötig sei, die betreffenden Regelungen eingehender zu prüfen, dass es jedoch sinnvoll wäre, die Auswirkungen des Informationsaustausches zu beobachten.

Anmerkungen

1. Vgl. Ziffer 8 des Berichts von 1998, S. 8-9.
2. Wegen ihrer besonderen Merkmale ist die chinesische Regelung für Hochtechnologien und neue Technologien häufig restriktiver als der Nexus-Ansatz, und es gibt nur wenige Situationen, in denen die Höhe der Einkünfte, auf die diese Regelung geltend gemacht werden kann, den nach dem Nexus-Ansatz berechneten Betrag übersteigen kann.
3. Diese Regelung wurde vor der Verabschiedung des BEPS-Aktionsplans geprüft.
4. Vgl. Anmerkung 3.
5. Zu dieser Schlussfolgerung gelangte das FHTP, ohne einen Beschluss in der Frage zu fassen, ob Kolumbiens Regelung in den Arbeitsbereich des FHTP fällt.
6. Vgl. Anmerkung 3.
7. Zu dieser Schlussfolgerung gelangte das FHTP, ohne einen Beschluss in der Frage zu fassen, ob Luxemburgs Regelung in den Arbeitsbereich des FHTP fällt.
8. Am 5. Juni 2015 hat der schweizerische Bundesrat dem Parlament einen Gesetzentwurf zur Zustimmung unterbreitet, in dem vorgeschlagen wird, diese Regelung (sowie die drei folgenden) abzuschaffen. Vorbehaltlich der Zustimmung des Parlaments und der Prüfung der Verfassungsmäßigkeit soll das neue Bundesgesetz am 1. Januar 2017 stehen; anschließend bleiben den 26 Kantonen zwei Jahre, um ihre Gesetze entsprechend anzupassen.
9. Vgl. Anmerkung 8.
10. Vgl. Anmerkung 8.
11. Vgl. Anmerkung 8.
12. Vgl. Anmerkung 3.
13. Steuererleichterungen in der Schweiz für neu gegründete Unternehmen oder bei wesentlichen Änderungen der Geschäftstätigkeit.
14. Lettische Steuerregelung in Bezug auf Investitionen der Steuerpflichtigen in Sonderwirtschaftszonen und Freihäfen (Sonderwirtschaftszonen).

Literaturverzeichnis

OECD (2014), *Aktionsplan zur Bekämpfung der Gewinnverkürzung und Gewinnverlagerung*, OECD Publishing, Paris, *http://dx.doi.org/10.1787/9789264209688-de*.

OECD (1998), *Harmful Tax Competition: An Emerging Global Issue*, OECD Publishing, Paris, *http://dx.doi.org/10.1787/9789264162945-en*.

Kapitel 7

Weitere Arbeiten des FHTP

152. In diesem Kapitel sind die nächsten Schritte der Arbeiten des FHTP dargelegt. Diese nächsten Schritte lassen sich in drei große Kategorien unterteilen: *i)* die bereits laufenden Arbeiten, einschließlich eines Monitorings präferenzieller Regelungen sowie der Umsetzung des vereinbarten Rahmens zur Erhöhung der Transparenz, *ii)* Weiterentwicklung einer Strategie zur Einbeziehung von Drittstaaten und *iii)* Erwägung von Änderungen und Ergänzungen der bestehenden Kriterien des FHTP.

I. Laufende Arbeiten, einschließlich Monitoring

153. Die Kapitel 4 und 5 erläutern die Anwendung der Analyse nach dem Kriterium der wesentlichen Geschäftstätigkeit (Substanz) auf präferenzielle Regelungen und den Rahmen zur Erhöhung der Transparenz hinsichtlich steuerlicher Vorabzusagen. Die nächsten Schritte in diesem Bereich umfassen Folgendes:

- IP-Regelungen: Das FHTP wird präferenzielle IP-Regelungen überwachen, und die Staaten sollten das FHTP über die eingeleiteten Gesetzesverfahren in Bezug auf Änderungen ihrer derzeitigen Bestimmungen auf dem Laufenden halten. Die derzeit existierenden, in Tabelle 6.1 von Kapitel 6 aufgelisteten IP-Regelungen müssen geändert werden, um dem Nexus-Ansatz zu entsprechen (und um – sofern sich die Staaten für einen Bestandsschutz entscheiden – dem Sicherheitsmechanismus in Bezug auf den Bestandsschutz und Neuzugänge, wie in Kapitel 4 erläutert, gerecht zu werden). Im künftigen Monitoring-Prozess werden alle entsprechenden Änderungen geprüft, und dort, wo keine Änderungen an existierenden IP-Regelungen vorgenommen werden, wird das FHTP den nächsten Schritt des Prüfungsverfahrens einleiten. Kapitel 4 sieht vor, dass die Staaten unter bestimmten Umständen die Verwendung des Nexus-Werts als widerlegbare Vermutung zulassen können. In solchen Fällen werden bestimmte Formen einer intensivierten Transparenz und Überwachung, wie in Kapitel 4 beschrieben, Anwendung finden, und das FHTP wird die Umsetzung und Anwendung der in besagtem Kapitel dargelegten Erfordernisse überwachen. Die Staaten müssen das FHTP auch informieren, wenn sie im Rahmen ihrer IP-Regelungen Vergünstigungen für die dritte Kategorie geistiger Eigentumswerte in Kapitel 4 gewähren. Kapitel 6 stellt außerdem fest, dass manche Regelungen, die in der Absicht ausgearbeitet wurden, die Entwicklung strukturschwacher Regionen zu fördern, einer Beobachtung unterzogen werden müssen und dass die Staaten Daten zu den Unternehmen, die in den Genuss dieser Regelungen kommen, aufbewahren müssen.
- Sonstige Regelungen: Das FHTP wird präferenzielle Regelungen, die sich nicht auf geistiges Eigentum beziehen, überwachen, wobei auch darauf hingewiesen wird, dass das Kriterium der wesentlichen Geschäftstätigkeit bislang nur auf IP-Regelungen angewandt

wurde. Wenn Staaten Bedenken in Bezug auf die wesentliche Geschäftstätigkeit in anderen präferenziellen Regelungen haben, müssen diese Regelungen ebenfalls nach dem genauer ausgearbeiteten Faktor der wesentlichen Geschäftstätigkeit geprüft werden.

- Rahmen zur Erhöhung der Transparenz: Kapitel 5 schafft einen Rahmen für die Erhöhung der Transparenz in Bezug auf steuerliche Vorabzusagen. Der Informationsaustausch über künftige steuerliche Vorabzusagen sollte am 1. April 2016 beginnen, und die Staaten haben bis Ende 2016 Zeit, um Informationen über frühere Vorabzusagen auszutauschen[1]. Es wird ein laufender Überwachungs- und Prüfungsmechanismus eingerichtet werden, um sicherzustellen, dass die Staaten ihrer Verpflichtung zum spontanen Informationsaustausch nach diesem Rahmen nachkommen. Dies wird eine jährliche Prüfung durch das FHTP beinhalten, womit Anfang 2017 begonnen wird. Als Teil dieses Prozesses wird das FHTP auch die Wirksamkeit des Rahmens sowie die Frage evaluieren, ob hinsichtlich des Umfangs der erfassten steuerlichen Vorabzusagen und der von den Steuerverwaltungen bereitgestellten Informationen ein geeignetes Gleichgewicht zwischen der Notwendigkeit der Identifizierung von BEPS-Risiken und dem Verwaltungsaufwand, der den übermittelnden und den erhaltenden Staaten dadurch entsteht, gewährleistet ist. Als Teil des Prüfungsverfahrens wird von Staaten, die individuelle steuerliche Vorabzusagen erteilen, die in den vorliegenden Rahmen fallen, erwartet, dass sie statistische Informationen bereitstellen, die Folgendes umfassen: *i)* die Gesamtzahl der spontanen Informationsübermittlungen, die in diesem Rahmen erfolgt sind, *ii)* die Zahl der spontanen Informationsübermittlungen nach Art der Vorabzusagen sowie *iii)* für jede Informationsübermittlung, den Staat bzw. die Staaten, mit denen Informationen ausgetauscht wurden. Die Staaten sollten auch Einzelheiten zu den Fällen liefern, in denen ihnen keine ausreichenden Informationen zur Identifizierung aller Staaten vorlagen, mit denen sie Informationen austauschen mussten, und in denen sie deshalb im Rahmen ihrer Möglichkeiten gehandelt haben. Diese Informationen sollten nach Art der Vorabzusagen aufgeschlüsselt werden und eine kurze Beschreibung der Anstrengungen beinhalten, die zur Identifizierung der relevanten nahestehenden Dritten unternommen wurden.

II. Ausarbeitung einer Strategie zur stärkeren Einbindung von Drittstaaten

154. Die Notwendigkeit globaler Lösungen für gemeinsame Herausforderungen ist Kern des BEPS-Projekts. Aus diesem Grund haben alle OECD- und G20-Staaten gleichberechtigt unter direkter Mitwirkung einer wachsenden Zahl von Entwicklungsländern zusammengearbeitet. Punkt 5 des BEPS-Aktionsplans (OECD, 2014) erkennt die Notwendigkeit der Einbeziehung von Drittstaaten ausdrücklich an und fordert das FHTP auf, eine Strategie auszuarbeiten, um Nicht-OECD/Nicht-G20-Staaten in die Arbeiten zu schädlichen Steuerpraktiken einzubinden. Dies ist notwendig, um gleiche Spielregeln für alle zu gewährleisten und das Risiko auszuschalten, dass schädliche Steuerpraktiken einfach in Drittstaaten verlagert werden, ist aber auch mit einer Einbeziehung und Einbindung von Drittstaaten verbunden, unabhängig davon, ob diese nun über präferenzielle Regelungen verfügen oder anderweitig von den Arbeiten betroffen sind. Vor diesem Hintergrund einigte sich das FHTP auf folgende Elemente einer Strategie zur Einbeziehung von Drittstaaten:

- Die Einbeziehungsbemühungen des FHTP sollten Drittstaaten gelten, die über präferenzielle Regelungen verfügen, sowie anderen Staaten, die ein konkretes Interesse an den Arbeiten haben.

- Im Rahmen dieser Bemühungen wird das FHTP über Zweck und Ziele seiner Arbeiten kommunizieren und dabei auch den Grad der Einbindung und Mitwirkung von Drittstaaten festlegen.
- 2016 werden zusätzliche Arbeiten durchgeführt werden, um die Strategie zur Einbeziehung von Drittstaaten im Kontext des allgemeineren Ziels der Ausarbeitung eines inklusiveren Rahmens zur Unterstützung und Überwachung der Durchführung der BEPS-Maßnahmen umzusetzen.

III. Erwägung von Änderungen oder Ergänzungen zu den bestehenden Kriterien des FHTP

155. Der aktuelle Rahmen für die Untersuchung präferenzieller Regelungen wird in Kapitel 3 beschrieben und beruht auf vier Schlüsselfaktoren sowie acht weiteren Faktoren, um zu bestimmen, ob eine präferenzielle Regelung potenziell schädlich ist. Zwei der bestehenden Faktoren (Transparenz und wesentliche Geschäftstätigkeit bzw. Substanz) wurden im Rahmen des ersten Teils der Arbeiten zu Aktionspunkt 5 schon genauer ausgearbeitet. Die OECD- und G20-Staaten, die im FHTP mitwirken, sind daher der Ansicht, dass es noch zu früh ist, um Bereiche richtig identifizieren zu können, in denen die bestehenden Kriterien möglicherweise zu kurz greifen, weil der Effekt der Arbeiten zu Substanz und Transparenz noch nicht vollständig evaluiert werden kann. Darüber hinaus werden die Vorteile der Einbeziehung von Drittstaaten in diesen Aspekt der Arbeiten anerkannt.

156. Dennoch wurden einige Bereiche identifiziert, in denen weitere Überlegungen von Vorteil sein könnten, sobald das FHTP besser in der Lage ist, den Effekt der anderen in diesem Bericht betrachteten Arbeitsergebnisse zu identifizieren. Dazu gehören der fünfte Faktor, der im Bericht von 1998 (OECD, 1998) dargelegt ist, sowie die Anwendung des Ring-Fencing-Kriteriums.

157. Der fünfte Faktor, der bei der Identifizierung schädlicher Steuerpraktiken hilfreich sein kann, ist „eine künstliche Definition der Steuerbemessungsgrundlage". Damit wird anerkannt, dass ein Staat statt durch einen präferenziellen Steuersatz mobile Einkünfte auch dadurch anlocken kann, dass er eine enge Definition der Steuermessungsgrundlage hat, nach der weniger Einkünfte der Besteuerung unterliegen. Dies kann beispielsweise erreicht werden, indem bestimmte Kategorien von Einkünften steuerbefreit sind oder indem Abzüge für unterstellte Betriebsausgaben gewährt werden. Der Bericht von 1998 weist darauf hin, dass bei solchen Maßnahmen auch ein Mangel an Transparenz bestehen kann. Einige Staaten haben vorgeschlagen, dass dieser Faktor ebenfalls aufgewertet werden könnte, wie das mit dem zwölften Faktor geschehen ist; durch den Rahmen zur Erhöhung der Transparenz, der in Kapitel 5 dargelegt ist, könnte es allerdings möglich sein, vielen der Transparenzprobleme, die solche Regelungen aufwerfen, zu begegnen.

158. Ring-fencing ist einer der Schlüsselfaktoren des Berichts von 1998 und gilt *i)* wenn bei einer Regelung die Nutzung der vorgesehenen Vergünstigungen durch gebietsansässige Steuerpflichtige explizit oder implizit ausgeschlossen ist oder *ii)* wenn es einem Unternehmen, das die Vergünstigungen der Regelung in Anspruch nimmt, explizit oder implizit nicht gestattet ist, auf dem Inlandsmarkt zu operieren. Weitere Hinweise zur Anwendung des Ring-fencing-Faktors enthält die CAN (OECD, 2004), wo vorgesehen ist, dass dieser Faktor angewandt werden könnte, wenn das Besteuerungsergebnis bei einem vollständig inländischen Geschäftsvorfall in der Praxis von dem abweicht, das sich bei einem grenzüberschreitenden Geschäftsvorfall ergibt. In diesem Kontext wurde vorgeschlagen, dass die Anwendung des Ring-fencing-Faktors auf solche Szenarien klarer erläutert werden könnte.

Anmerkungen

1. Staaten, die derzeit nicht über den notwendigen gesetzlichen Rahmen für den spontanen Informationsaustausch über steuerliche Vorabzusagen verfügen, die in den Anwendungsbereich von Kapitel 5 fallen, werden einen solchen Rahmen einrichten müssen, um ihren Verpflichtungen nach Aktionspunkt 5 nachzukommen. In solchen Fällen unterliegen die Fristen für den spontanen Informationsaustausch über steuerliche Vorabzusagen dem Gesetzesrahmen des betreffenden Staates. Dabei wird auch den Terminen für das Inkrafttreten und die effektive Umsetzung der Bestimmungen der einschlägigen Instrumente für den Informationsaustausch Rechnung getragen.

Literaturverzeichnis

OECD (2014), *Aktionsplan zur Bekämpfung der Gewinnverkürzung und Gewinnverlagerung*, OECD Publishing, Paris, *http://dx.doi.org/10.1787/9789264209688-de*.

OECD (2004), *Consolidated Application Note: Guidance in Applying the 1998 Report to Preferential Tax Regimes*, OECD, *www.oecd.org/ctp/harmful/30901132.pdf*.

OECD (1998), *Harmful Tax Competition: An Emerging Global Issue*, OECD Publishing, Paris, *http://dx.doi.org/10.1787/9789264162945-en*.

ANHANG A

Beispiel einer Übergangsmaßnahme für die Rückverfolgung

1. Staat P führt 2016 eine IP-Regelung ein, die eine Rückverfolgung vorschreibt. Der Steuerpflichtige Q ist ein Technologieunternehmen, das Produkte verkauft, in denen verschiedene geistige Eigentumswerte eingesetzt werden, die vom Steuerpflichtigen Q entwickelt wurden. Vor 2016 nahm der Steuerpflichtige Q keine Rückverfolgung der Ausgaben oder Einnahmen in Bezug auf einzelne geistige Eigentumswerte oder Produkte vor, er verfügt jedoch über Informationen zu den FuE-Gesamtausgaben, die ihm selbst entstanden sind, sowie zu seinen Gesamtausgaben für Auftragsforschung von nahestehenden Dritten sowie zu seinen gesamten Anschaffungskosten im Zeitraum 2014 und 2015. Ab 2016 kann der Steuerpflichtige Q dann eine Rückverfolgung in Bezug auf Produktfamilien vornehmen. Die Ausgaben des Steuerpflichtigen Q sind nachstehend aufgelistet:

Tabelle A.1 **Ausgaben des Steuerpflichtigen Q**

2014	Alle qualifizierten Ausgaben (d.h. alle FuE-Ausgaben, die dem Steuerpflichtigen Q entstanden sind): 5 000 Alle Gesamtausgaben (d.h. alle dem Steuerpflichtigen Q entstandenen FuE-Ausgaben, alle Ausgaben für Auftragsforschung nahestehender Dritter und alle Anschaffungskosten): 10 000
2015	Alle qualifizierten Ausgaben: 3 000 Alle Gesamtausgaben: 3 000
2016	Alle qualifizierten Ausgaben: 2 000 Qualifizierte Ausgaben für Produktfamilie A: 400 Qualifizierte Ausgaben für Produktfamilie B: 1 600 Alle Gesamtausgaben: 5 000 Gesamtausgaben für Produktfamilie A: 2 400 Gesamtausgaben für Produktfamilie B: 2 600
2017	Alle qualifizierten Ausgaben: 2 000 Qualifizierte Ausgaben für Produktfamilie A: 1 300 Qualifizierte Ausgaben für Produktfamilie B: 700 Alle Gesamtausgaben: 3 000 Gesamtausgaben für Produktfamilie A: 2 000 Gesamtausgaben für Produktfamilie B: 1 000
2018	Qualifizierte Ausgaben für Produktfamilie A: 800 Qualifizierte Ausgaben für Produktfamilie B: 200 Gesamtausgaben für Produktfamilie A: 800 Gesamtausgaben für Produktfamilie B: 800

2. Wenn Staat P als Übergangsmaßnahme die Verwendung eines „Dreijahresdurchschnitts" zulässt, würde der Nexus-Wert folgendermaßen berechnet. 2016 berechnet der Steuerpflichtige Q den Nexus-Wert ausgehend vom Durchschnitt aller seiner FuE-Ausgaben aus drei Jahren. Der Wert für 2016 würde vor Anwendung des Aufschlags 10 000/18 000 betragen.

Für die Zwecke der Berechnung des Dreijahresdurchschnitts würde dieser Wert keine vor 2014 getätigten Ausgaben beinhalten – selbst wenn die FuE für die Schaffung des geistigen Eigentumswerts Q schon früher begonnen hätte –, und er würde auf allen Ausgaben beruhen, weil der Steuerpflichtige Q vor 2016 noch keine Rückverfolgung in Bezug auf Produktfamilien vorgenommen hat. Gleichzeitig beginnt der Steuerpflichtige Q mit der Rückverfolgung der Ausgaben, die er für die Weiterentwicklung des geistigen Eigentumswerts Q tätigt. 2017 würde der Steuerpflichtige Q den Nexus-Wert wieder ausgehend vom Durchschnitt *aller* seiner FuE-Ausgaben berechnen, weil er die Rückverfolgung in Bezug auf Produktfamilien noch keine drei Jahre durchgeführt hat. Der Wert für 2017 würde vor Anwendung des Aufschlags 7 000/11 000 betragen. 2018 und für alle folgenden Jahre würde der Steuerpflichtige Q zu einem kumulativen Ansatz übergehen, bei dem die Ausgaben für Produktfamilien zu Grunde gelegt werden, da er nun auf drei Jahre zurückblicken kann, in denen die Ausgaben in Bezug auf Produktfamilien zurückverfolgt wurden. Der Wert für die Produktfamilie A würde 2018 daher vor Anwendung des Aufschlags 2 500/5 200 betragen, und alle anschließenden qualifizierten Ausgaben und Gesamtausgaben für die Produktfamilie A würden diesem Wert in den folgenden Jahren hinzugerechnet. Der Wert für die Produktfamilie B würde 2018 vor Anwendung des Aufschlags 2 500/4 400 betragen, und alle anschließenden qualifizierten und Gesamtausgaben für die Produktfamilie B würden diesem Wert in den folgenden Jahren hinzugerechnet.

3. Dieser Anhang gibt nur ein Beispiel dafür, wie eine Übergangsmaßnahme ausgestaltet werden könnte, um zu gewährleisten, dass alle Steuerpflichtigen genügend Zeit haben, um den Anforderungen der Rückverfolgung gerecht zu werden, und dabei zugleich den allgemeinen Prinzipien des Nexus-Ansatzes zu entsprechen. Staat P könnte beispielsweise die Verwendung eines „Fünfjahresdurchschnitts" gestatten, womit es dem Steuerpflichten Q dann möglich wäre, den Nexus-Wert ausgehend von allen qualifizierten und Gesamtausgaben in den Jahren 2019 und 2020 sowie 2016, 2017 und 2018 zu berechnen.

ANHANG B Spontaner Informationsaustausch zu individuellen Vorabzusagen nach dem vorliegenden Rahmen

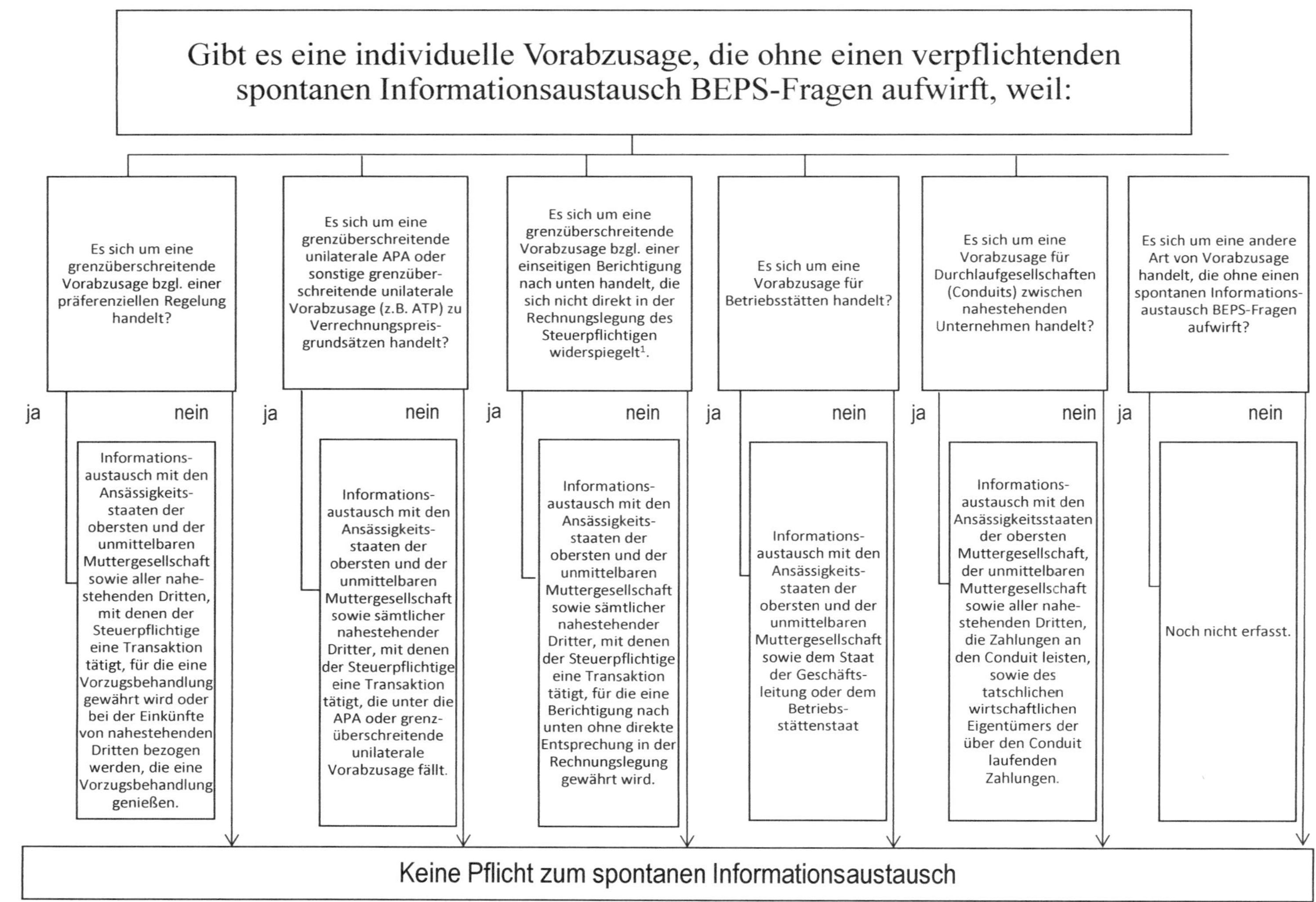

1. Wie in Ziffer 115 erläutert, wurde vereinbart, unter bestimmten Umständen Informationen an andere betroffene Steuerbehörden zu übermitteln, selbst wenn keine Vorabzusage vorliegt.

ANHANG C

Musterformular mit Anleitungen für den Informationsaustausch

Sofern nicht anders vermerkt, sind alle Felder Pflichtfelder

1. *Referenznummer der Vorabzusage, falls vorhanden.*

2. *Identifizierung des Steuerpflichtigen sowie ggf. des Konzerns, dem er angehört.*

Steueridentifikationsnummer (TIN) oder sonstige Steuernummer		
Firma (Name) des Rechtsträgers		
Anschrift	Straße	
	Hausnummer (optional)	
	Zusatz (optional)	
	Stockwerk (optional)	
	Bezirk (optional)	
	Postfach (optional)	
	Postleitzahl	
	Stadt	
	Staat	
	Land/Provinz/Kanton (optional)	
Hauptgeschäftstätigkeit des Steuerpflichtigen (optional)		
Name des multinationalen Konzerns, falls abweichend		

3. Datum der Erteilung.

4. Rechnungsperiode/Wirtschaftsjahre, auf die sich die Vorabzusage bezieht.

5. Art der erteilten Vorabzusage. Bitte Zutreffendes ankreuzen.

Vorabzusage in Bezug auf eine präferenzielle Regelung	☐
Unilaterale Vorabverständigung über die Verrechnungspreisgestaltung (APA) oder sonstige Vorabzusage zu Verrechnungspreisfragen	☐
Vorabzusage bzgl. einer Berichtigung nach unten	☐
Betriebsstättenvorabzusage	☐
Vorabzusage für eine Durchlaufgesellschaft (Conduit)	☐

6. Zusätzliche Informationen zur Vorabzusage und zum Steuerpflichtigen (optional).

Höhe der Transaktion, falls vorhanden	
Jahresumsatz des Rechtsträgers	
Gewinn des Rechtsträgers	

7. Kurze Zusammenfassung der Thematik, auf die sich die Vorabzusage bezieht, idealerweise in einer der Amtssprachen der Organisation für wirtschaftliche Zusammenarbeit und Entwicklung (OECD) oder einer anderen beiderseitig vereinbarten Sprache. Wenn dies nicht möglich ist, kann die Zusammenfassung in der Landessprache des übermittelnden Staats verfasst werden.

8. Grund für den Informationsaustausch mit dem erhaltenden Staat.

Oberste Muttergesellschaft	☐
Unmittelbare Muttergesellschaft	☐
Nahestehender Dritter, mit dem der Steuerpflichtige eine Transaktion tätigt, für die eine Vorzugsbehandlung gewährt wird oder mit der Einkünfte erzielt werden, die eine Vorzugsbehandlung genießen	☐
Nahestehender Dritter, mit dem der Steuerpflichtige eine Transaktion durchführt, die unter die Vorabzusage fällt	☐
Nahestehender Dritter, der – direkt oder indirekt – eine Zahlung an eine Durchlaufgesellschaft (Conduit) tätigt	☐
Tatsächlicher wirtschaftlicher Eigentümer der Einkünfte aus einer Conduit-Struktur	☐
Geschäftsleitung einer Betriebsstätte/Betriebsstättenstaat	☐

9. Einzelheiten zu den Rechtsträgern im erhaltenden Staat.

	Name des Rechtsträgers	Anschrift	TIN oder sonstige Steuer-identifikationsnummer, falls vorhanden
1.			
2.			
3.			
...			

Anleitungen zum Musterformular für den Informationsaustausch über steuerliche Vorabzusagen

Sofern nicht anders vermerkt, sind alle Felder Pflichtfelder.

1. *Referenznummer der Vorabzusage, falls vorhanden.*

Die Referenznummer der Vorabzusage sollte angegeben werden, sofern sie vorliegt.

2. *Identifizierung des Steuerpflichtigen sowie ggf. des Konzerns, dem er angehört.*

In diesen Feldern sollten alle Informationen angegeben werden, die zur Identifizierung des Steuerpflichtigen und zur Bestimmung seiner Beziehung zu einem multinationalen Konzern erforderlich sind. Im Einklang mit dem entsprechenden Antwortblock („OrganisationParty") im Gemeinsamen Meldestandard (CRS) sind folgende Angaben erforderlich: ***Steueridentifikationsnummer (TIN) oder sonstige Steuernummer, Firma (d.h. Name) des Rechtsträgers*** und ***Anschrift***. Pflichtfelder sind nur die „Straße", die „Postleitzahl", die „Stadt" sowie der „Staat", in dem der Steuerpflichtige gemeldet ist.

Das Feld ***Hauptgeschäftstätigkeit*** ist optional und soll als Drop-down-Menü mit einer Liste vorgegebener Branchencodes gestaltet werden, sofern es in einer Anwendung verwendet wird, die eine solche Funktion zulässt.

Name des multinationalen Konzerns, falls abweichend soll Informationen zur Beziehung des Steuerpflichtigen zu dem internationalen Konzern liefern, dem er angehört. Manchmal kann der Name der Tochtergesellschaft von dem des multinationalen Konzerns abweichen, womit es schwieriger wird, die Beziehung zwischen dem Steuerpflichtigen und dem Konzern zu identifizieren.

3. *Datum der Erteilung.*

In diesem Feld muss das Datum angegeben werden, an dem die Vorabzusage erteilt wurde. Dabei handelt es sich im Allgemeinen um das Datum, das auf der Vorabzusage angegeben ist; in Staaten, in denen die Vorabzusage von der Steuerverwaltung verwahrt wird, könnte es sich um das Datum handeln, das auf einer dem Steuerpflichtigen ausgehändigten schriftlichen Bestätigung erscheint.

4. *Rechnungsperiode/Wirtschaftsjahre, auf die sich die Vorabzusage bezieht.*

Dieses Feld kann als Drop-down-Menü mit den Rechnungsperioden/Wirtschaftsjahren gestaltet werden, auf die sich die Vorabzusage bezieht.

5. *Art der erteilten Vorabzusage.*

Diese Ankreuzfelder dienen der Identifizierung der Art von Vorabzusage, für die der Informationsaustausch durchgeführt werden muss. Alle zutreffenden Felder sollten angekreuzt werden; wenn eine Vorabzusage also mehrere Elemente verbindet, z.B. eine unilaterale Vorabverständigung über die Verrechnungspreisgestaltung (APA) und eine Vereinbarung über die steuerliche Behandlung einer Betriebsstätte, sollten beide Felder angekreuzt werden.

6. Zusätzliche Informationen zur Vorabzusage und zum Steuerpflichtigen.

Diese Felder sollen eine Art Wesentlichkeitsprüfung ermöglichen, die den Steuerverwaltungen bei der Entscheidung helfen soll, ob sie weitere Informationen hinzufügen sollen. Diese Felder sind optional, es besteht also keine Verpflichtung, solche Informationen zu beschaffen.

Unter der Höhe der Transaktion ist der monetäre Wert der Transaktion zu verstehen. Der Jahresumsatz des Rechtsträgers entspricht dem Geschäftsvolumen des Unternehmens gemäß der Gewinn- und Verlustrechnung. Er wird üblicherweise anhand der Bruttoeinnahmen bzw. Bruttoverbindlichkeiten aus dem Verkauf von Waren und Dienstleistungen des Rechtsträgers gemessen. Der Gewinn des Rechtsträgers ist der Nettogewinn, der sich aus der Differenz zwischen den Bruttoeinnahmen aus den geschäftlichen Transaktionen und den abzugsfähigen Betriebsausgaben ergibt.

Beim Ausfüllen von Feld 6 des Musterformulars sollten die neuesten vorliegenden Zahlen verwendet werden, die der Ruling File oder der Akte des Steuerpflichtigen zu entnehmen sind, wobei die Währung anzugeben ist, bei der es sich um die Währung handeln sollte, die in den Dokumenten verwendet wurde, die der Steuerverwaltung zur Erteilung der Vorabzusage vorgelegt wurden. Unter „Höhe der Transaktion" müsste beispielsweise die neueste Zahl für eine konkrete Transaktion, auf die sich die steuerliche Vorabzusage bezieht, angegeben werden.

7. Kurze Zusammenfassung der Thematik, auf die sich die Vorabzusage bezieht.

In diesem Feld sollte die Steuerverwaltung eine kurze Zusammenfassung der Thematik liefern, auf die sich die Vorabzusage bezieht, was eine Beschreibung der unter die Vorabzusage fallenden Transaktion oder Geschäftstätigkeit sowie alle sonstigen Informationen beinhalten sollte, die der erhaltenden Steuerverwaltung bei der Beurteilung des potenziellen Gewinnverkürzungs- und Gewinnverlagerungsrisikos helfen können, das der Vorabzusage innewohnt. Im Fall einer unilateralen Vorabverständigung über die Verrechnungspreisgestaltung könnten in dieser Zusammenfassung beispielweise die Art des Geschäftsvorfalls oder die Einkünfte, um die es geht, sowie die vereinbarten Verrechnungspreismethoden angegeben werden. Da die Zusammenfassung nur einen Überblick bieten soll, sollte sie im Allgemeinen keine Einzelheiten zu konkreten steuerrechtlichen Bestimmungen eines Staats umfassen. Die in diesem Feld gelieferten Informationen sollten idealerweise in einer der Amtssprachen der Organisation für wirtschaftliche Zusammenarbeit und Entwicklung (OECD) oder einer anderen beiderseitig vereinbarten Sprache verfasst sein. Wenn dies nicht möglich ist, kann die Zusammenfassung in der Landessprache des übermittelnden Staats verfasst werden.

8. Grund für den Informationsaustausch mit dem erhaltenden Staat.

Aus den in diesem Feld angegebenen Informationen kann der erhaltende Staat entnehmen, warum ihm die Vorabzusage übermittelt wird. Der erhaltende Staat muss einer der betroffenen Staaten nach dem vorliegenden Rahmen sein. Der genaue Grund für den Informationsaustausch wird durch Ankreuzen des passenden Felds angegeben.

9. Einzelheiten zu den Rechtsträgern im erhaltenden Staat.

In diesem Feld sind Informationen zu den im erhaltenden Staat ansässigen Rechtsträgern anzugeben, auf die sich die Vorabzusage bezieht. Es besteht die Möglichkeit, mehr als einen Rechtsträger zu nennen, falls sich eine Vorabzusage auf mehr als einen Rechtsträger in diesem Staat bezieht. Der ***Name des Rechtsträgers*** und die ***Anschrift*** sind Pflichtangaben; die ***TIN oder sonstige Steuernummer*** sollte angegeben werden, sofern entsprechende Daten vorliegen.

ORGANISATION FÜR WIRTSCHAFTLICHE ZUSAMMENARBEIT UND ENTWICKLUNG

Die OECD ist ein einzigartiges Forum, in dem Regierungen gemeinsam an der Bewältigung von wirtschaftlichen, sozialen und umweltbezogenen Herausforderungen der Globalisierung arbeiten. Die OECD steht auch ganz vorne bei den Bemühungen um ein besseres Verständnis neuer Entwicklungen und unterstützt Regierungen, Antworten auf diese Entwicklungen und die Anliegen der Regierungen zu finden, beispielsweise in den Bereichen Corporate Governance, Informationswirtschaft oder Bevölkerungsalterung. Die Organisation bietet den Regierungen einen Rahmen, der es ihnen ermöglicht, ihre Erfahrungen mit Politiken auszutauschen, nach Lösungsansätzen für gemeinsame Probleme zu suchen, gute Praktiken aufzuzeigen und auf eine Koordinierung nationaler und internationaler Politiken hinzuarbeiten.

Die OECD-Mitgliedsländer sind: Australien, Belgien, Chile, Dänemark, Deutschland, Estland, Finnland, Frankreich, Griechenland, Irland, Island, Israel, Italien, Japan, Kanada, Korea, Luxemburg, Mexiko, Neuseeland, die Niederlande, Norwegen, Österreich, Polen, Portugal, Schweden, Schweiz, die Slowakische Republik, Slowenien, Spanien, die Tschechische Republik, Türkei, Ungarn, das Vereinigte Königreich und die Vereinigten Staaten. Die Europäische Union beteiligt sich an der Arbeit der OECD.

OECD Publishing sorgt für eine weite Verbreitung der Ergebnisse der statistischen Datenerfassungen und Untersuchungen der Organisation zu wirtschaftlichen, sozialen und umweltpolitischen Themen sowie der von den Mitgliedstaaten vereinbarten Übereinkommen, Leitlinien und Standards.

OECD PUBLISHING, 2, rue André-Pascal, 75775 PARIS CEDEX 16
(23 2015 32 5 P) ISBN 978-92-64-25802-0 – 2016

www.ingramcontent.com/pod-product-compliance
Lightning Source LLC
LaVergne TN
LVHW081419110826
845149LV00010B/1798

* 9 7 8 9 2 6 4 2 5 8 0 2 0 *